ACABE COM O ESTRESSE ANTES QUE ELE ACABE COM VOCÊ

KEVIN LEMAN

ACABE COM O ESTRESSE ANTES QUE ELE ACABE COM VOCÊ

UM GUIA PARA MÃES À BEIRA DE UM ATAQUE DE NERVOS

Traduzido por EMIRSON JUSTINO

mundocristão
São Paulo • Lisboa

Os textos das referências bíblicas foram extraídos da *Nova Versão Internacional* (NVI), da Biblica, Inc., salvo indicação específica.

Dados Internacionais de Catalogação na Publicação (CIP)
(Câmara Brasileira do Livro, SP, Brasil)

Leman, Kevin
Acabe com o estresse antes que ele acabe com você: um guia para mães à beira de um ataque de nervos / Kevin Leman; traduzido por Emirson Justino.
— São Paulo: Mundo Cristão, 2013.

Título original: Stopping Stress Before It Stops You: a Game Plan for Every Mom.

1. Administração do estresse para mulheres 2. Estresse (Psicologia) I. Título.

13-05704 CDD-155.9042

Índice para catálogo sistemático:
1. Estresse : Psicologia 155.9042
Categoria: Autoajuda

Publicado no Brasil com todos os direitos reservados por:
Editora Mundo Cristão
Rua Antônio Carlos Tacconi, 79, São Paulo, SP, Brasil, CEP 04810-020
Telefone: (11) 2127-4147
www.mundocristao.com.br

1ª edição: setembro de 2013

À minha esposa, Bucky, amor da minha vida,
por quem eu fiquei doido há 43 anos...
... e por quem ainda sou maluco!

Agradeço a Frank e Patty Anderson,
Martha Baker e Faith Carter por sua ajuda tão prestativa.
Um agradecimento especial a você, Paul Simpson,
por suas valiosas contribuições na pesquisa para este livro.

Sumário

Introdução
Apaixonado por vocês 11

Capítulo 1
Por que um doutor escreve sobre mulheres e estresse? 13

Capítulo 2
Como sair do Pântano da Vida? 19

Capítulo 3
Quão inclinada ao estresse você é? 31

Capítulo 4
Os seis maiores estressores na vida de uma mãe 49

Capítulo 5
O simples "segredo" para reduzir o estresse 61

Capítulo 6
Quais crianças causam mais estresse? 71

Capítulo 7
Você está criando tomadores ou doadores? 85

Capítulo 8
Socorro! Virei motorista de táxi! 101

Capítulo 9
Por que o estresse espreita a mãe que trabalha fora 115

Capítulo 10
Mães solteiras carregam carga dobrada 127

Capítulo 11
A noite em que caí da trave da vida 137

Capítulo 12
Um plano de ação para derrotar o estresse 145

Apêndice
Sua vida deve ser equilibrada 157

Notas 161

Bibliografia 163

INTRODUÇÃO

Apaixonado por vocês

Devo dar crédito a vocês, mulheres. Vocês são incríveis. Conseguem equilibrar seis, sete, oito, nove coisas (ou mais!) ao mesmo tempo, aparentemente com facilidade e sem esforço... pelo menos para nós que estamos do lado de fora, olhando para vocês. E nós, homens? A história é completamente diferente. Trabalhamos duro para conseguir equilibrar no ar *uma* única bola por vez.

Não é à toa que ficamos maravilhados em sua presença, Mulher Adesivo. Eu a chamo assim porque tudo gruda em você, e todo mundo quer um pedaço de você. O problema é que, a partir do momento em que você começa a distribuir esses pedaços a todo mundo que quer um, o que sobra para você mesma?

Depois de mais de trinta anos como psicólogo e orador, já fiz um bom número de pesquisas sobre as mulheres. Adoro perguntar o que vocês pensam e como se sentem. Veja o que vocês repetidamente me indicaram como principais estressores de sua vida:

1. Seus filhos.
2. Tempo (mais especificamente a falta dele).
3. O homem de sua vida.

O mais interessante, porém, está aqui. Embora 72% de vocês estejam no mercado de trabalho, *nenhuma* de vocês mencionou o trabalho como um dos três principais estressores. As tarefas de casa, algo que a maioria das mulheres teme, não foram mencionadas. Também não foram citadas as finanças — e os especialistas dizem que todo casal enfrenta dificuldades financeiras em determinado nível. O que há de errado com vocês, mulheres?

Absolutamente nada. É isso o que as torna as criaturas maravilhosas que são. Vocês têm a capacidade de cuidar de outras pessoas e investir na vida delas de maneira bastante altruísta.

Mas vocês também não dão a si mesmas nem um pouco do crédito devido. Tudo o que vocês executam — todas as tarefas corriqueiras que realizam diariamente — faz uma diferença fenomenal na vida de seus filhos, seu marido e tantas outras pessoas.

Contudo, vocês também precisam de algum tempo — uma coisinha especial — apenas para vocês. É disso que trata *Acabe com o estresse antes que ele acabe com você*. Este livro lhe proporcionará uma carga extra de energia e lhe dará a certeza de que o que você está fazendo *neste instante* é profundamente valioso, ainda que não lhe agradeçam por isso. Espero que você seja inspirada e desafiada a mudar suas prioridades, a fazer as escolhas certas para aliviar o estresse presente em sua vida.

Afinal de contas, entre todas as pessoas, você é a que mais merece.

CAPÍTULO 1

Por que um doutor escreve sobre mulheres e estresse?

"E o que ele sabe sobre contrações e estrias?"

Espere, não fale — acho que sei o que você está pensando. Afinal, o que esse psicólogo sabe sobre mulheres e estresse? O que faz dele uma autoridade em algo que ele não tem como vivenciar por si mesmo? Quando foi a última vez que ele tentou trocar uma fralda, limpar uma mancha de suco de uva no sofá e atender o telefone — tudo isso enquanto sente as costelas serem chutadas por dentro pela "encomenda" que vai chegar no mês que vem? E o que ele sabe sobre contrações e estrias?

Antes que você me mande para o exílio da prateleira da estante, por favor, me escute. Admito que tenho muitas escoriações por ter me aventurado por onde até mesmo os anjos provavelmente nunca caminhariam, mas, ainda assim, tenho pelo menos três razões — espero que sejam qualificações — para escrever este livro.

JÁ CONVERSEI COM MILHARES DE MÃES ESTRESSADAS

Nas décadas em que me dediquei à prática particular de psicologia, muitas mulheres estressadas vieram ao meu consultório com reclamações que podem ser todas resumidas a uma questão:

"O que faço para não parar num hospício?"

Na maioria dos casos, essas mulheres poderiam ser descritas não apenas como *estressadas*, mas *sufocadas* — com filhos pequenos. Uma visão comum de alguém entrando em meu consultório é a de uma mãe jovem que, com um bebê nos braços, arrasta a perna esquerda enquanto tenta encontrar uma cadeira. Por acaso ela tem um problema neurológico ou algum ferimento na perna? Não exatamente. Trata-se de uma criança de 2 anos agarrada nela!

Além de aprender sobre os problemas de estresse em mulheres por experiência própria nas sessões de aconselhamento em meu consultório, viajo há décadas por todos os Estados Unidos, falando e discursando para milhares de mulheres que estão "no limite". Muitas estão de tal modo estressadas que desejam desistir — deixar marido e filhos para poder encontrar um pouco de paz e sossego.

Recentemente, li na revista *Woman's Day* um artigo que descrevia o tipo de mãe que vejo o tempo todo no meu consultório, assim como nas igrejas e nos auditórios das escolas onde falo. Aos 37 anos, com um filho de 2 anos e outro de 6 meses clamando por sua atenção, ela acaba chorando no banho por quase uma hora, gritando: "Não aguento mais. Não posso satisfazer todas essas necessidades. E quanto a mim?".[1]

As mulheres foram liberadas para se juntar à força de trabalho, mas parece que alguém se esqueceu de dizer ao marido dela que *ele* também foi liberado para ajudar a preparar o jantar. Meus arquivos mostram um aumento acentuado no número de mulheres que querem deixar o marido e a família — intenção que era rara alguns anos atrás.

O que descobri em todas as minhas conversas com mulheres estressadas? Em centenas de casos, vi em primeira mão que as mulheres podem, ao obter o controle positivo de sua vida, aprender a minimizar o estresse e transformá-lo numa ferramenta útil. Meu principal propósito ao escrever este livro é compartilhar algumas ideias práticas e básicas que ajudarão você a fazer o mesmo.

Essa é uma das razões pelas quais acho que posso conversar sobre estresse e mulheres, mas existem outras...

ESTRESSE E MATERNIDADE SÃO ASSUNTOS QUE APRENDI COM UMA PROFESSORA DE PRIMEIRA LINHA

Essa professora, é claro, é minha adorável esposa, Sande, que há pelo menos 46 anos me vem treinando na compreensão do estresse feminino. Enquanto escrevo estas linhas, temos 43 anos de casados, durante os quais criamos Holly, Krissy, Kevin, Hannah e Lauren. Mas Sande começou a me treinar muito antes disso. Nos três anos em que namoramos, antes de dizer "Sim, aceito", ela me ensinou muito sobre as tremendas diferenças entre homens e mulheres.

Embora as defensoras da causa feminina tenham alcançado muitas coisas que aplaudo, um grande erro cometido por algumas de suas porta-vozes mais radicais foi a declaração de que não existem diferenças reais entre homens e mulheres. Elas equipararam *igualdade* a *uniformidade*. Se há uma coisa que quero comunicar neste livro é que homens e mulheres são diferentes, e *vive la différence!* De fato, garanto que, quando um marido realmente se conscientizar das diferenças genéticas, físicas e emocionais entre sua esposa e si mesmo, ele se tornará um marido melhor!

Uma diferença óbvia entre homens e mulheres se concentra na sexualidade. Já vi homens insistirem em desconsiderar essa diferença, em geral em razão da ignorância. Sou solidário com o homem que fica confuso diante da falta de entusiasmo de sua esposa por sexo quando *ele* o deseja, pois eu mesmo fui bastante ingênuo durante os primeiros anos do nosso casamento.

Eu achava que a melhor coisa que poderíamos fazer juntos era *copular*. Sande ensinou-me que a melhor coisa que poderíamos fazer juntos era nos *comunicar*. Ela me ensinou que uma mulher gosta de ser segura e amada, mas não de ser agarrada e usada. E ela me ensinou que o sexo é uma experiência maravilhosa a ser compartilhada como resultado da comunicação e do amor mútuo. O sexo não deve ser simplesmente a fonte de satisfação de um desejo natural.

Outra parte do meu treinamento caseiro aconteceu na ausência de Sande, nas ocasiões em que tive de assumir seu papel de dona de casa por um dia inteiro. Lembro-me muito bem de uma dessas sessões de treinamento. Sande saiu de manhã bem cedo e ficou fora o dia todo. Quando ela finalmente passou pela porta de entrada, dez minutos antes das 5 horas da tarde, minhas primeiras palavras foram:

— Você chegou! Quantos dias ficou fora?

— Dias? Eu saí às 9 horas da manhã de hoje.

— Você está brincando, não é? — perguntei.

Ela caminhou pela sala de estar e sobreviveu ao caos formado por brinquedos, triciclos e outros objetos espalhados pela sala. Sande é uma daquelas mulheres "certinhas" que gosta da casa tinindo. Seus olhos estavam semicerrados quando ela se virou para mim e perguntou:

— *O que* aconteceu aqui?

Naquele instante, entendi o sentimento de inutilidade e desespero que muitas mulheres enfrentam diariamente, senão a cada hora. Então, eu disse:

— Não estou bem certo. Arrumei a sala umas três vezes, mas não sei... Quero dizer, há alguns instantes uma das crianças estava correndo por aqui num triciclo... Não sei nem mesmo qual delas era... Os gêmeos do vizinho vieram para cá e... Bem, você sabe...

Sande ria enquanto eu tentava deixar a sala novamente em condição aceitável para uma família. Ela poderia ter dito algo como "Agora você sabe o que *eu* passo o tempo todo", mas não disse. Ela me deixou aprender por experiência própria, e naquele dia eu aprendi bastante.

Senti a frustração que as esposas experimentam quando maridos e filhos não arrumam as coisas. Você poderia chamar isso de "síndrome da casca de banana". Alguém deixa cair uma casca de banana em algum lugar no meio do chão da cozinha. O maridão e as crianças fazem várias viagens à geladeira ou à pia, mas ninguém vê a casca de banana nem a pega. Ou, se de fato a veem, passam *por cima* dela! Quem precisa ver a casca de banana e pegá-la do chão? Todos nós sabemos quem. Não é surpresa que muitas mães se sintam como se fossem escravas ou cidadãs de segunda classe cujo papel fundamental na vida é limpar a sujeira que a família deixou.

Sempre que posso, peço ao marido que tente se colocar no lugar da esposa e descobrir por si mesmo aquilo contra o que ela luta. Minhas atividades de aconselhamento, palestras e trabalho na televisão, juntamente com a vida feliz porém agitada com Sande e nossos cinco filhos, me sensibilizaram a ponto de eu acreditar que, quando necessário, posso pensar intencionalmente como uma mulher. Considero isso uma ferramenta valiosa no exercício da psicologia, nos casos em que é importante "olhar com os olhos das minhas clientes" para ver a vida como elas veem. Como me disse uma mãe:

> Há dias em que, entre levar e pegar as crianças de carro na escola, levar as camisas do meu marido para a lavanderia ("somente goma leve, querida"), fazer as compras no mercado, decorar a lanchonete da escola para a feira de ciências e arrumar a casa, sou feliz em encontrar um tempo para "ficar no trono".

O comentário perspicaz dessa mulher apenas enfatiza uma teoria pessoal que defendo há bastante tempo: os homens são monotarefa, enquanto as mulheres são multitarefa. Nós, homens, fazemos uma ou duas coisas bem e, em seguida, nos lamuriamos porque estamos "debaixo de muita pressão". Não desprezo a pressão que os homens sentem. Também sei um pouco sobre isso. Mas ainda acredito que, em comparação aos homens, as mulheres são multitarefa — elas conseguem usar muitos chapéus diferentes e desempenhar vários papéis ao mesmo tempo. Realmente não posso provar minha teoria, e sei que alguns de meus colegas de profissão simplesmente desprezariam a ideia, dizendo que as mulheres *parecem* ser mais multidimensionais simplesmente por causa da maneira como nossa sociedade está estruturada. Mas não estou assim tão certo disso.

Já pensei muito no modo como a vida de uma mulher muda quando ela se casa e tem filhos. Simplesmente compare a rotina dela com a do marido. Ele ainda tem almoço com colegas de trabalho e amigos, joga futebol e vai às reuniões do Rotary. Ela tem de se adaptar a fraldas e louça, e a nunca relaxar por mais de quarenta e cinco segundos por vez.

Basta observar uma mãe típica equilibrando na cintura um precioso objeto de 10 meses de idade e 9 quilos enquanto calmamente prepara o café da manhã, embala lanches e conversa ao telefone. Peça a um homem para fazer tudo isso ao mesmo tempo e você verá não só os lanches, mas também o pacote de 10 meses espalhados pelo chão! Depois de ter interagido com centenas de mulheres que enfrentam as pressões e o estresse da vida familiar todo santo dia, cheguei a uma firme convicção: os homens gostam de se ver como as rodas do lar, mas as mulheres são, de fato, os eixos!

FICAR MALUCA NÃO É ALGO INEVITÁVEL

Espero que, a esta altura, você esteja um pouco mais convencida de que eu sei alguma coisa sobre estresse e sobre como as mulheres podem aprender a lidar com ele. Contudo, você ainda pode estar pensando: "Ele fala sobre mulheres estressadas — mas será que ele realmente sabe como é isso?". Creio que sim. De fato, eu *sei* que sei.

Para que você conheça minha própria história de estresse excessivo, preciso levá-la de volta a 29 de março de 1985. Mas vamos guardar isso para depois. Primeiro, quero compartilhar com você o que aprendi acerca do estresse e sobre como ele cobra seu preço de mães e mulheres que trabalham fora (e que, em muitos casos, são a mesma pessoa). O mais importante é que falaremos sobre como prevenir o estresse, ou pelo menos como mantê-lo em um nível controlável. Com base numa pesquisa que fiz recentemente, analisaremos as seis principais fontes de estresse para muitas mulheres. Essas fontes são, em ordem de importância:

FILHOS: tê-los, cuidar deles, discipliná-los e educá-los.

TEMPO: ter agenda cheia, viver a típica vida corrida que todo mundo acha normal hoje.

MARIDO: já falei o suficiente.

DINHEIRO: normalmente a falta dele, aprender a lidar com ele, aprender a viver sem ele.

CASA: como disse uma esposa, "o trabalho de casa sempre nos perseguirá".

CARREIRA: mais de 72% das esposas com filhos com menos de 18 anos atuam no mercado de trabalho.

Essa minha pesquisa informal não vai aparecer nas publicações especializadas de psicologia, mas ela me ajudou a confirmar algo que vejo no meu consultório de aconselhamento: as mulheres de hoje estão debaixo de tremenda pressão para dar conta de muitas áreas. Em resumo, grande parte delas está ficando maluca!

A boa notícia é que não precisa ser assim. Qualquer mulher pode aprender a reduzir o nível de estresse ao praticar o conselho sobre bom senso apresentado neste livro. Não tenho segredos esotéricos ou técnicos para compartilhar, apenas princípios simples que funcionam — *se você usá-los.*

Esta última frase é muito importante. Este livro não poderá ajudar se você não quiser que ele o faça. As mulheres de hoje permitem que a sociedade (a família, o grupo de amigas, a mídia e outras forças) lhes diga o que fazer e o que ser. Mas você não precisa tolerar esse tipo de existência repleta de estresse.

Em vez de sentir que está cada vez mais perto de ficar maluca, você pode dar suas próprias cartas. Você pode ser a mulher, a esposa, a mãe com que você — e todos ao seu redor — se sinta confortável. Aqueles que a amam vão amá-la ainda mais à medida que você aprender a lidar com seu próprio estresse e ajudá-los a lidar com o deles também. Creia: existe uma escolha, e a escolha é *sua*. Ninguém pode tomar essa decisão por você.

O que tenho a oferecer não é mágica. Quando você terminar de ler este livro, a vida será tão corrida e cheia de pressão como sempre foi. Mas a diferença será que você terá uma ideia muito melhor de como lidar com ela. Acredite em mim: *ficar estressada é uma doença que se pode evitar!*

CAPÍTULO 2

Como sair do Pântano da Vida?

"Agora que tenho tudo, gostaria de devolver algumas coisas."

"O que aconteceu, dr. Leman? Quando nos casamos, eu achava que meu príncipe havia chegado e que cavalgaríamos em seu alazão branco rumo à felicidade eterna. Agora, parece que meu príncipe se transformou num sapo e estou presa junto dele no Pântano da Vida — com mais três sapinhos coaxando o tempo todo, pedindo atenção. Tenho dores de cabeça constantes, estômago sensível e estou desenvolvendo um tremor no olho esquerdo. O que posso fazer?"

Quase todas as semanas escuto versões variadas desse refrão. Parece que mamãe está cheia. Ela me liga, marca um horário e entra no meu consultório para contar sua história, que frequentemente tem o mesmo enredo: casou-se jovem, com olhos brilhando de expectativa. Agora, está presa num casamento vazio que tem muita desilusão, três filhos e mais estresse do que ela consegue controlar.

O cavaleiro branco daquela remota cerimônia de casamento está bastante manchado. Parece que, em treze anos, o velho Harry...

- Lavou a louça duas vezes.
- Compareceu a apenas uma reunião de pais na escola.

- Não conhece o pediatra das crianças.
- Não fala com a sogra dele há dois anos e meio.
- Foi jogar boliche (sozinho) no último aniversário de casamento.

É claro que existem algumas mulheres que me dizem que gostariam de ter a sorte de ter um marido tão dedicado quanto o Harry aí de cima, que pelo menos volta para casa às 6 da tarde todos os dias. Elas descrevem seu "príncipe" particular em termos muito mais cruéis, como "*workaholic*", "alcoólico" ou "mulherengo". Em geral, essas esposas estão dando os primeiros passos rumo à loucura e consideram o divórcio como um esforço derradeiro para preservar sua sanidade.

NO CASAMENTO, O ESTRESSE FAZ PARTE DO PACOTE

Creio que a instituição do casamento não está simplesmente sob ataque, mas em perigo mortal. Hoje, mais da metade dos casais que caminham pelo corredor forrado de pétalas para fazer seus votos estão condenados pelas estatísticas a marchar por um caminho pedregoso rumo à vara de família, a fim de realizar o divórcio — normalmente em sete anos ou menos. Alguns ditos (ou autodenominados) gurus da sociologia defendem abertamente que permitamos que a instituição do casamento se torne um anacronismo esquisito. Na opinião deles, a monogamia de longo prazo simplesmente não funciona. Chamo isso de "besteira completa". A instituição do casamento está tão saudável quanto sempre foi; são as pessoas que entram nele que precisam de ajuda, e um dos principais sintomas que elas apresentam é o estresse.

É fato que o típico casal casado não começa querendo falhar. As esposas, em especial, esperam sua porção merecida de jantares à luz de velas, flores, romance, atenção e, por fim, filhos inteligentes, obedientes e lindos, que tiram sempre nota A. Em resumo, elas esperam felicidade, sucesso e prosperidade conjugal.

Parece que alguém se esqueceu de contar-lhes sobre a pressão.

Ora, os jovens de ambos os sexos que se casam hoje não são estúpidos — muito pelo contrário. São, de fato, muito inteligentes. Eles entendem quando pais, amigos, pastores ou conselheiros lhes dizem que o casamento apresentará uma infinidade de problemas e dificuldades. Mas tenho uma forte suspeita de que, embora escutem esses conselhos, eles não os *ouçam* de fato. "Podemos lidar com isso", dizem a si mesmos. "As coisas serão *diferentes* conosco porque estamos *realmente* apaixonados."

O que eles não entendem é que todo ninho de amor conjugal é uma panela de pressão disfarçada. Depois da cerimônia de casamento vêm as contas, os bebês e os banheiros entupidos.

Talvez a mais sutil de todas as pressões venha do relógio. Com o passar dos aniversários de casamento, o tempo se torna cada vez mais precioso, cada vez mais escasso. Ao conversar com as esposas que aparecem no meu consultório, percebo que é um milagre que elas tenham tido tempo de ficar desiludidas. Elas estão ocupadas demais cumprindo os papéis que o casamento lhes jogou sobre os ombros.

Lembro-me de um casal que veio ao meu consultório em busca de aconselhamento. O marido começou a menosprezar sua mulher por ela não estar "atualizada" com as questões internacionais. Ela o colocou nos eixos bem na minha frente, dizendo: "Como posso saber das questões internacionais? Mal consigo acompanhar as notas que as crianças tiram na escola, não tenho tempo de ler o jornal, nem de ver o noticiário na televisão!".

Outra esposa que aconselhei decidiu fazer um curso superior de jornalismo em tempo integral. Por fim, terminou mudando sua área de estudos em razão de um grande problema: ela não conseguia acompanhar os eventos atuais — um pré-requisito fundamental para esse campo de atuação. Parece que, além de assistir a um monte de aulas, esperava-se dela que chegasse em casa com tempo suficiente para preparar o jantar e depois tirar a mesa, lavar roupas, limpar a casa, manter o jardim com boa aparência e cuidar de cinco filhos. (Pela descrição que ela fez, quatro dos filhos ela dera à luz; o quinto estava casado com ela.)

O PÂNTANO DA VIDA NÃO ESTÁ CHEIO DE CROCODILOS

A percepção popular é de que o Pântano da Vida está repleto de crocodilos até a cintura. Creio que é mais correto dizer que o Pântano está até o pescoço de estresse. Existe alguma saída? Creio que sim, mas sair do Pântano não é tão fácil quanto entrar nele. Há algo mais do que simplesmente seguir adiante.

Se você já esteve alguma vez em um pântano de verdade, sabe como é fácil se perder e vagar em círculos — literalmente para sempre. Para sair de qualquer pântano, é preciso dispor de uma bússola, um mapa ou um guia — preferencialmente os três. Para sair do Pântano mental e emocional, você precisa entender o lodo no qual se meteu. O que é o estresse? Ele vem da pressão ou a pressão vem dele?

Uma vez que não estou interessado em entrar numa discussão do tipo "quem veio primeiro, o ovo ou a galinha?", apresentarei meu ponto de vista como psicólogo que se especializou em ajudar mães, pais e filhos. O estresse vem da pressão — as tensões, as emergências e os detalhes da vida cotidiana. Em resumo, a vida é uma panela de pressão, e manter a serenidade ou se estressar depende da maneira como você lida com essa pressão.

O ESTRESSE ESTÁ DESTRUINDO CATHY

Uma mãe a quem chamarei Cathy é um exemplo dramático de muitas mulheres que atendo e que lidam de forma errada com a pressão. Aos 34 anos, dona de casa, Cathy tem quatro filhos com idades que variam de 3 a 12 anos. O marido, Bob, é contador, ocupado em subir a escada corporativa do sucesso em uma grande empresa.

Não surpreende que Bob veja a criação de filhos como "trabalho basicamente feminino", além de deixar por conta de Cathy quase toda a responsabilidade pela educação dos filhos. Embora não admita, Bob quer que Cathy faça o papel de mãe dele também, e ele depende das respostas dela a perguntas importantes como "Onde está minha camisa? Onde estão meus sapatos? Tenho de estar no escritório em trinta minutos!". Depois disso, ele sai apressado para trabalhar longas e duras horas para "sustentar a família".

Como Cathy está lidando com esse cenário? O fato é que ela não está lidando com isso de maneira nenhuma: ela está simplesmente mantendo um precário *status quo* que a deixa cada dia mais maluca. Ela mesma admite que perdeu o controle anos atrás. Seus filhos lhe respondem e a ridicularizam. Ela reage com exagero, gritando, berrando e batendo neles com muita frequência ou muita intensidade. É claro que isso faz que ela se sinta culpada, e assim prossegue o círculo vicioso.

"Não sou a mãe que deveria ser", disse ela em meu consultório. "Por que não consigo ter mais paciência?"

Vejo facilmente qual é a resposta a essa pergunta desesperada, mas isso não é fácil para Cathy, que representa uma colagem de muitas mulheres que aconselho. Ela se deixou ser colocada debaixo de enorme pressão por seus filhos indisciplinados e por um marido ausente que acha que trabalhar muito no escritório é justificativa para chegar em casa e exigir que os filhos fiquem quietos enquanto ele relaxa do seu "dia impossível com o chefe". Ele passa pouco ou nenhum tempo com as crianças e, logo depois de seu cochilo de duas horas depois do jantar, espera que Cathy esteja pronta para "brincar um pouco" na hora de dormir.

Cathy, é claro, está não apenas exausta, mas também cheia de raiva e ressentimento porque Bob nunca está presente para ajudá-la com a casa. Ela se considera uma combinação de criada e gueixa. Sob tais condições, o sexo com Bob parece tão excitante quanto limpar a garagem.

Mas Cathy continua caminhando em meio ao seu Pântano de estresse, racionalizando essa bagunça toda ao acreditar nas mentiras que seu marido conta a ela (e a si mesmo): "Ei, por que você acha que saio e dou a cara a tapa? Faço isso por você e pelas crianças!".

É triste ver que Cathy acredita, assim como Bob, que o trabalho, o sucesso, a posição social e o crescente salário dele sejam as coisas mais importantes da vida. Todos os membros da família de Cathy sofrem com a agenda maluca, mas aquela que mais sofre é a própria Cathy. Ela é um exemplo clássico do tipo de mãe que vem ao meu consultório no final de suas forças. Mães como Cathy costumam ter sintomas físicos, além de problemas emocionais como culpa, raiva e frustração. O excesso de estresse torna-se notável em palpitações do coração, suor frio, colite, indigestão e dores de cabeça — sobretudo enxaquecas, que Cathy enfrenta periodicamente.

As Cathys deste mundo tentam lidar com isso consultando um médico. Gastam centenas de milhões de dólares por ano comprando remédios, tanto controlados quanto de venda liberada. Milhões adicionais são gastos em álcool, tudo isso na tentativa de fugir da panela de pressão que no meu país se chama *"American way of life"*, o estilo de vida norte-americano.

Quando alguém como Cathy vem me procurar, essa pessoa espera que eu seja capaz de jogar algum "pó mágico psicológico" que a ajude a lidar com o marido indiferente e as crianças impossíveis. Naturalmente, não tenho esse pó. Mas tenho, sim, alguns conselhos práticos. O que Cathy precisa é de uma compreensão básica do que é estresse e, depois, precisa aprender algumas técnicas simples para lidar com suas pressões e identificar as áreas de sua vida que resultam em muito estresse.

Sem querer ser técnico, gostaria de dar a você um curso básico sobre estresse a fim de lhe mostrar como as pressões da vida se transformam em algo que não conseguimos entender em sua totalidade, mas que certamente sentimos à medida que tentamos nos deslocar pelo Pântano da Vida.

POR QUE O ESTRESSE PODE SER UM INIMIGO MORTAL

Em nosso breve curso sobre estresse, vamos analisar as ideias de dois homens:

1. Dr. Hans Selye — avô dos pesquisadores desse tema — que "descobriu" o estresse na década de 1930. Selye escreveu muitos trabalhos e livros técnicos sobre o assunto. Seus três livros não técnicos, voltados para o público geral,

são *Stress without Distress* [Estresse sem agonia], *From Dream to Discovery* [Do sonho à descoberta] e *The Stress of Life* [O estresse da vida].

2. Dr. Richard Ecker, fundador e diretor do Life Management Institute e autor de *Staying Well* [Fique bem] e *The Stress Myth* [O mito do estresse].

Meu primeiro contato com os textos do dr. Selye ocorreu anos atrás, enquanto eu fazia o bacharelado na Universidade do Arizona. Selye, é claro, não descobriu o estresse. Esse pesquisador é mais corretamente identificado como um dos primeiros a identificar o estresse como causa de doenças no corpo humano. Uma das contribuições básicas de Selye para nossa compreensão acerca do estresse foi aquilo que o autor chamou de "síndrome de adaptação geral" nos vários livros e trabalhos que publicou na década de 1950. A síndrome de adaptação geral (SAG) inclui três estágios: alarme, resistência e exaustão.[1]

Veja como funciona essa síndrome. Nosso corpo foi maravilhosamente projetado por nosso Criador para responder de maneiras bem definidas ao perigo e ao risco. Quando percebemos qualquer ameaça através da visão, da audição, do olfato ou do tato, nossos nervos enviam uma mensagem para a glândula pituitária, localizada no cérebro, a qual fabrica o chamado hormônio adrenocorticotrófico, conhecido também por sua sigla em inglês ACTH.

O ACTH viaja pela corrente sanguínea até as glândulas suprarrenais, ou adrenais, ligadas aos rins. É aqui que o corpo produz a tão conhecida substância que chamamos de adrenalina — que a maioria de nós associa ao ato de ficar "ligadão" para participar de competições atléticas ou qualquer outro evento que exija grande esforço físico.

O trabalho das glândulas suprarrenais é aumentar nosso batimento cardíaco, elevar a pressão sanguínea, intensificar nossa respiração e liberar açúcares e gorduras na corrente sanguínea. Tudo isso deixa nosso corpo pronto para o próximo estágio, isto é, a resistência, ou aquilo que Selye chamou de "bater ou correr". Lutamos contra o estresse no aspecto físico ou psicológico ou de qualquer maneira que pudermos. Se formos bem-sucedidos, a ameaça ao nosso bem-estar desaparece e nosso corpo relaxa com a ajuda do sistema nervoso parassimpático. A frequência respiratória e a pressão sanguínea voltam ao normal. A tensão em nossos músculos se dissipa lentamente. Em nossos olhos, as pupilas, que se haviam dilatado, retornam ao seu tamanho normal.

Normalmente, quando lidamos com vários estresses na vida, espera-se que experimentemos apenas os dois primeiros estágios da síndrome de adaptação geral citados por Selye: alarme e resistência. Suponha, por exemplo, que você esteja apressada no trânsito, a caminho do trabalho. Então, é momentaneamente distraída enquanto tenta sintonizar uma estação de rádio. Ao voltar os olhos para o trânsito, você percebe os veículos parados no semáforo, que mudou para vermelho. Você está prestes a bater na traseira do carro à sua frente! Nesse momento, você está no estágio do alarme, e a adrenalina corre por suas veias. Você pisa no freio (estágio da resistência) e derrapa, parando a apenas alguns centímetros do para-choque do carro à sua frente.

Enquanto espera o semáforo ficar verde, você passa pelos estágios finais da resistência enquanto seu corpo retorna ao normal. Seu coração, que há pouco estava na garganta, agora parece se acalmar. Suas pernas bambeiam como se fossem de borracha. Você mal consegue pisar no acelerador quando o semáforo fica verde, mas continua seguindo rumo ao trabalho. Ao chegar lá, você provavelmente já terá "voltado ao normal". Você terá lidado com o estresse de uma quase colisão, e tudo estará bem de novo.

Mas suponha que você vai trabalhar e, logo que chega, enfrenta uma crise com seu chefe. Ele está irritado porque você não entregou um relatório na hora certa ontem. Mais uma vez você vai para os estágios do alarme e da resistência. Talvez você lide com o primeiro encontro com seu chefe sem nenhum problema; porém, imagine que ele volte depois de mais ou menos uma hora com outra reclamação e, depois, outra. Suponha que isso aconteça por vários dias, até mesmo semanas. Agora o estresse começa a se acumular. Se as coisas ficarem suficientemente ruins, você terminará naquilo a que Selye se referiu como o estágio da exaustão, e é aqui que você pode desabar sob a pressão.

Durante o estágio da exaustão, uma enorme quantidade de estragos acontece nos órgãos do corpo. É no estágio da exaustão que desenvolvemos colite, pressão alta, úlceras, e podemos até mesmo sofrer um ataque cardíaco. Muitas das esposas e mães que vêm ao meu consultório estão, de alguma forma, no estágio da exaustão.

Como Richard Ecker destaca em seu ótimo livro *The Stress Myth*, "não há dúvidas de que o estresse é a mais significativa e atuante influência negativa para a saúde na sociedade americana de hoje".[2] Ele acredita que nossa sociedade é devastada pelo estresse porque gostamos de pensar que se trata de algo inevitável, que somos vítimas de um mundo complexo fora do nosso controle. Ecker sustenta que tudo isso é um mito e que passamos tempo demais naquilo que ele chama de *intervenção* (aprender técnicas como o *biofeedback*, meditação e hipnose) e não investimos tempo suficiente na *prevenção*, ou seja, no aprendizado de técnicas para manter o estresse sob controle e não deixar que a pressão se transforme em excesso de estresse, ou como Selye chama, de *agonia*.

Ironicamente, muitas das mulheres que me procuram provocaram seu próprio estado de agonia — ou seja, excesso de estresse. Tal como Cathy, que descrevi anteriormente, elas aceitaram a mentira de que devemos ter tudo *neste instante*. Por que uma sociedade tão rica quanto a norte-americana tem mais estresse do que qualquer outra sociedade da história? Uma razão básica para isso é que não queremos esperar.

Quando era criança, lá no oeste do estado norte-americano de Nova York, eu raramente via um Mercedes ou um Cadillac e, quando via, quase sempre o motorista tinha cabelos grisalhos. Agora, no decorrer de um dia comum, não é raro ver diversos Mercedes ou outros carros de luxo desfilando pela cidade com uma ou mais crianças em idade pré-escolar sentadas em sua cadeirinha, e sua mãe ao volante. Mães e pais assim tão jovens têm condições de ter um Mercedes? É possível que alguns sim, mas muitos não têm. É por isso que papai precisa trabalhar longas horas no escritório e mamãe também precisa arrumar um emprego.

Tudo isso tem como resultado o tipo de estresse do qual não se pode tratar passando simplesmente pelo processo de alarme e de resistência — bater ou correr — e superá-lo. O estresse que vemos permear a sociedade hoje é do tipo constante, onipresente e cansativo, o qual desgasta esposas, maridos e filhos — famílias inteiras.

Meu conselho corrobora a acusação de que a família de hoje está em crise por causa do estresse prolongado. Não é exagero dizer que nossas famílias estão no estágio da exaustão. Encontro mais e mais adultos com medo de se casarem. Eles olham para as gerações mais antigas — a minha geração — e veem que não fomos muito bons na manutenção da honrosa instituição do casamento. Mais da metade dos casamentos termina em divórcio, e o número de lares chefiados por mães solteiras atinge novos patamares. Na média, o casamento dura colossais sete anos. (Existe uma grande chance de sua geladeira ter vida duas vezes mais longa do que a média dos casamentos.)

Outra estatística alarmante afirma que apenas 14% de todas as famílias são aquilo que poderíamos chamar de "tradicionais". Por "tradição" me refiro a uma mãe e um pai, ambos no primeiro casamento, com filhos que crescem num lar onde papai é o principal provedor e mamãe permanece em casa para cuidar deles.

Igualmente perturbadora é a estatística que indica que, nos Estados Unidos, geralmente quem tem casa própria vive no mesmo lugar por apenas sete anos. Recentemente fui entrevistado por um repórter de um grande jornal. Ele estava preparando um artigo sobre a mudança da população em nosso país, que migra dos estados do Nordeste para os mais ensolarados do país, na região Sul, de costa a costa. Ele me perguntou onde as pessoas deveriam viver e, uma vez que sou de Tucson, Arizona (um daqueles estados para onde as pessoas mudam), tenho certeza de que ele esperava que eu citasse o clima quente e seco do sudoeste norte-americano.

Ele me pareceu surpreso quando eu disse que os casais casados deveriam viver o mais próximo possível de pelo menos um casal de avós. Ele achou que eu não havia entendido a pergunta, mas lhe garanti que havia entendido perfeitamente.

"O que estou tentando lhe dizer", disse eu, "é que as famílias de hoje se perderam. Elas se tornaram pequenas unidades nucleares que acabaram longe demais do maravilhoso apoio da família estendida. Minha geração teve o prazer e a vantagem de crescer cercada por tios, tias e primos. Isso pode ser uma importante fonte de força, e é por isso que levamos nossos filhos ao oeste de Nova York todos os verões para visitar minha irmã e sua família. Também somos suficientemente privilegiados por ter os dois casais de avós aqui conosco em Tucson".

Meu amigo repórter saiu balançando a cabeça. Talvez ele mesmo estivesse numa daquelas famílias nucleares. Se for esse o caso, os filhos dele possivelmente só consigam ver vovó e vovô em alguns Natais. Talvez não saibam nada sobre tios e tias, pois estes vivem em outras partes do país. É possível que tenham tido de enfrentar o problema constante de começar a fazer algumas amizades capazes de adicionar estabilidade à vida deles e, então, chegar em casa e descobrir que mamãe e papai estavam se mudando para algo maior e melhor em outra cidade, a centenas ou até mesmo milhares de quilômetros dali.

Será que isso coloca a família norte-americana debaixo de uma carga indevida de estresse? Você mesmo pode responder a essa pergunta.

OK. MAS ONDE ESTÁ A SAÍDA DO PÂNTANO?

Sempre fico um pouco impaciente ao discutir um problema por muito tempo. Gosto de procurar soluções. O restante deste livro oferecerá muitas sugestões para analisar seu estresse e enfrentá-lo, mas, como aperitivo sobre o que fazer com essa sobrecarga, gostaria de compartilhar a "receita secreta" de Hans Selye para lidar com as pressões da vida.

Em seu excelente livro intitulado *Stress/Unstress*, Keith Sehnert comenta que estava presente quando, em 1977, Selye se encontrou com um grupo de médicos, enfermeiras e outros cientistas.[3] Foi pedido a Selye que resumisse um trabalho sobre estresse por ele apresentado naquele mesmo dia. O autor citou os três ingredientes de sua "receita secreta".

1. *Conheça seus limites.* Faça um teste consigo mesma para verificar se você é um cavalo de corrida ou uma tartaruga. Depois, desenvolva um estilo de vida que se encaixe em você e ninguém mais. (Veremos isso mais detalhadamente no capítulo 3.)
2. *Escolha objetivos adequados para você e para sua família.* Certifique-se de que sejam *seus* objetivos, e não algo imposto a você por seus pais, professores ou outras pessoas. Seja o que for, tenha certeza de que se trata daquilo que você escolheu fazer. Selye disse ao grupo que, quando as pessoas tentam viver de acordo com escolhas que outras pessoas fizeram por elas, o único resultado é sofrimento.
3. *Cuide de si mesmo ao cuidar dos outros e conquistar a boa vontade deles.* Selye chama isso de "egotismo altruísta". Ao ajudar alguém, você ajuda a si mesmo à medida que faz seu depósito no "banco de boa vontade" da outra pessoa.

Em seu livro *Stress without Distress*, Selye chama esse terceiro ingrediente de "conquistar o amor do seu próximo".[4] Não existem pessoas mais próximas de nós do que os membros de nossa própria família. Ironicamente, hoje converso com muitas mães que estão ficando cansadas de tentar praticar o princípio de Selye, declarado por Jesus na forma da Regra de Ouro. Uma das infelizes mensagens que as mulheres estão recebendo da mídia atualmente é que elas devem olhar para si mesmas, buscar sua própria satisfação e assim por diante.

Naturalmente, não culpo essas mulheres. Durante séculos os homens refinaram a arte de se colocar em primeiro lugar. Deixamos de ver que somos muito melhores quando realmente conhecemos nossa esposa e fazemos o máximo para agradá-la. Em meu consultório, muitas e muitas vezes ouço mulheres dizerem que viveriam em qualquer lugar — até mesmo numa tenda — se seu marido simplesmente as colocasse em primeiro lugar. O resumo definitivo é que as mulheres não estão assim tão interessadas em sucesso financeiro quanto em serem queridas, valorizadas, amadas e respeitadas por seu marido.

Por isso vemos cada vez mais mulheres no mercado de trabalho, não apenas para pagar as contas, mas também para encontrar satisfação. Mais e mais mulheres estão chegando ao meu consultório agitadas, irritadas, nervosas e deprimidas — o que se diz no popular "estressadas ao limite". Mais e mais mulheres estão desenvolvendo doenças cardíacas, pressão alta e câncer. Mais e mais mulheres estão descobrindo que "ter tudo" não é aquilo que aparentava ser. Elas me dizem que gostariam de devolver algumas das coisas que conquistaram.

Mantenha as três sugestões de Selye em mente à medida que continuamos a verificar como não ficar maluca, que é apenas outra maneira de dizer "como evitar que você fique estressada demais". Agora que já apresentamos algumas definições simples de estresse, será bom fazer mais um "curso rápido" de psicologia pessoal. Quão "estressável" você é? Depende da sua personalidade — seu estilo de vida. Todo mundo é suscetível a pressões e estresse. Contudo, você pode estar vivendo perigosamente, e eu explicarei mais sobre isso no próximo capítulo.

CAPÍTULO 3

Quão inclinada ao estresse você é?

"Você é controladora, agradadora, mártir ou...?"

Em seu excelente livro *The Stress Myth*, Richard Ecker defende que é errado dizer que o trabalho, o casamento ou outras áreas da vida estão "cheias de estresse". Sua vida, diz Ecker, inclui *fontes* de tensão, pressão e mudança, as quais você pode *perceber* de diversas maneiras. Sua *percepção* de algo é o que transforma aquilo num *estressor* (uma ameaça) ao seu bem-estar. Assim que o estressor passa a existir em sua mente, você tem estresse.[1]

Como vimos no capítulo 2, há momentos em que o estresse é apropriado. Quando você está prestes a bater na traseira do carro da frente, é perfeitamente adequado perceber isso como uma ameaça real e pisar no freio! Mas outros tipos de estresse podem ser excessivos ou impróprios. Se o chefe pega no seu pé toda manhã, você pode perceber isso como um problema ou notar que o chefe tem artrite e não é lá muito gentil até que tenha um longo almoço.

Infelizmente, no seu caso, a atitude raivosa do seu chefe realmente a incomoda e você está prestes a desistir. Por qual razão Marge, que está na mesa ao lado da sua, simplesmente descarta as reclamações do chefe e parece até conquistar a atenção dele? A resposta está na percepção. Você percebe seu chefe de uma maneira; Marge o percebe de outra maneira. Sua percepção a leva a grande estresse. A percepção de Marge a faz navegar tranquilamente.

Por que a diferença? Simplesmente porque todos nós somos diferentes — em especial no que se refere a percepções. Nossas percepções se baseiam naquilo que experimentamos, e ninguém experimenta nada exatamente do mesmo modo que outra pessoa. É por isso que certas fontes de tensão, pressão e mudança podem provocar reações diferentes. Tudo depende de como interpretamos aquilo que está acontecendo conosco.

Vamos explorar isso um pouco mais. Por que exatamente percebemos e experimentamos as coisas de forma tão diferente? Muitas correntes da psicologia acreditam que a resposta está em nosso passado — em particular, na nossa infância. A maneira como crescemos é fundamental para a definição do modo como percebemos as coisas quando adultos. Minha formação em psicologia segue a linha chamada "adleriana", nome que deriva de Alfred Adler, pioneiro da psicologia individual. Adler acreditava que, durante a infância, toda pessoa aprende o que ele chamou de "estilo de vida". Adler não estava falando sobre desenvolver gosto por roupas de grife ou carros esportivos; ele se referia à maneira como as pessoas trabalham psicologicamente para alcançar seus objetivos. Adler sempre afirmou que, se conhecesse os objetivos de uma pessoa, poderia facilmente predizer como essa pessoa agiria e viveria.

À medida que buscamos nossos objetivos, desenvolvemos certa percepção de como nos encaixamos no mundo e, assim, filtramos tudo através dessa percepção. Também desenvolvemos o que Adler chamou de "linhas de vida" — e ele não se referia aos vincos que existem na palma da mão. Uma vez que a definição de Adler pode se tornar algo bastante técnico, manteremos as coisas simples, interpretando as linhas de vida como "frases de conversa" com as quais nos alimentamos e nas quais aprendemos a acreditar como imagens precisas de quem realmente somos.

Suponho que se possa dizer que há tantos estilos de vida quanto o número de pessoas na face da terra, mas isso não nos ajudaria a destacar algumas categorias gerais em que podemos nos encaixar. E realmente vejo certas categorias gerais todas as semanas no meu consultório. Os principais estilos de vida que vejo são: controlador, agradador, louco por atenção e mártir. Todas essas pessoas se alimentam de certas "frases" de conversa.

Para o controlador, por exemplo, é muito natural dizer a si mesmo: "Sou importante somente quando estou no comando". O agradador diz: "Sou importante somente quando deixo os outros contentes". O louco por atenção sente: "Sou importante somente quando sou notado". E o mártir acredita: "Sou importante somente quando sofro".

Enquanto tentamos entender o estresse e seu efeito em nossa vida, é bom analisar os estilos de vida e ver de que forma um estilo atrai mais estresse do que outro.

OS CONTROLADORES SÃO PESSOAS PODEROSAS

Encontro dois tipos principais de controladores na prática de aconselhamento. Alguns se esforçam para controlar tudo e todos porque estão numa cruzada pela busca do poder. Eles realmente gostam de ter tudo sob controle.

Os de outro tipo, porém, querem o poder por uma razão completamente distinta: medo. Tornam-se controladores em função de propósitos defensivos, porque temem que alguma outra pessoa assuma controle sobre eles! Veja a seguir algumas características básicas dos controladores. Lembre-se: um controlador não precisa apresentar todos estes traços. Normalmente essa pessoa é uma mistura de alguns deles.

Controladores armazenam tudo e, então, explodem. Eles podem esconder seus sentimentos durante um tempo, mas quando chegam ao seu ponto de ebulição — *bum!* A explosão normalmente é violenta e cobra um preço dos que estão ao redor, particularmente os mais queridos. Esse tipo de controlador tem um temperamento forte e é bem capaz de perder a calma.

Controladores têm uma enorme necessidade de estar certos. São normalmente encontrados em cargos que envolvem precisão e estrutura, como engenharia, trabalho em secretaria executiva, contabilidade, arquitetura ou programação de computadores. Os controladores adoram discutir, e raramente perdem.

Controladores mantêm as pessoas a distância. Podem ir a uma reunião e, na aparência, manter contato caloroso com todos ali, mas não se dão a conhecer de fato. São habilidosos em evitar a intimidade. Costumo aconselhar casais em que um dos cônjuges é controlador e se recusa a ser aberto e íntimo. O outro cônjuge bisbilhota, seduz, implora e cutuca com um garfo na mão, por assim dizer, mas o parceiro simplesmente se retira para uma concha e não sai dali.

Controladores tendem a temer a morte. O que é a morte, senão a derradeira perda do controle da vida? Não é surpresa que a morte assuste um controlador. Às vezes essas pessoas também temem perder a cabeça. Se são sonhadoras, tendem a sonhar que estão sendo caçadas ou que estão caindo. Sempre acordam antes de bater no chão.

Controladores costumam ser perfeccionistas. Possuem medos de inadequação profundamente enraizados porque sentem como se tivessem de estar à altura o tempo todo, mas nem sempre conseguem. Esses tipos perfeccionistas sempre precisam passar por cima daquilo que chamo de "barra de salto em altura da vida". E, mesmo quando conseguem passar por cima da barra, dizem a si mesmos que poderiam ter se saído um pouco melhor.

Controladores tendem a ser pessoas críticas que, em quase todos os casos, têm pais críticos. Os pais são importantíssimos na produção de filhas críticas.

Controladores são inseguros, tímidos ou temperamentais. Podem manipular os outros por meio de lágrimas e de ataques de choro.

Como mencionei anteriormente, os controladores funcionam de acordo com o princípio do poder. Alguns usam seu poder num estilo aberto e dominante, com muitos gritos, tapas na mesa e "explosões" em geral. Outros são tipos bastante quietos que, na superfície, parecem agradáveis, gentis e amorosos. A família os conhece bem. Neste ponto, já deve estar claro que os controladores podem causar muito estresse a outras pessoas, mas isso não significa que eles próprios estejam imunes ao estresse. Na verdade, os controladores normalmente experimentam mais estresse do que qualquer outro estilo de vida. Quando uma pessoa tenta controlar tudo e todos, é fácil para ela ver os problemas ou pressões como ameaças. As ameaças se tornam estressores, daí o estresse.

Lembro-me em particular de Nancy, que veio me procurar em um estado de exaustão. Logo descobri que, por meio da culpa, ela controlava a família inteira, e até mesmo seus amigos. Demonstrando muitas "preocupações", Nancy manipulava a todos de maneira sutil. Quando sua filha perguntava: "Mamãe, posso ir à praia com a Suzy?", Nancy respondia: "Bem, acho que sim, mas você sabe como fico preocupada quando você está na água".

Nancy também se preocupava com a possibilidade de seu marido perder o emprego, com o futuro dos filhos, o clima, a instabilidade política na América do Sul... qualquer coisa à qual pudesse se agarrar. Tive dificuldades para fazê-la entender que sua preocupação era uma fonte sutil de controle sobre os outros ao seu redor; mas, assim que ela entendeu a mensagem, seu nível de estresse caiu significativamente.

DICAS DE PREVENÇÃO DE ESTRESSE PARA CONTROLADORES

Se você é uma controladora, o estresse pode estar se aproximando. Quando lido com mães que admitem ser controladoras, sugiro pelo menos três passos:

1. *Relaxe.* Isso é tão óbvio que você provavelmente está se perguntando por que eu daria a alguém um conselho desse tipo. Contudo, é surpreendente perceber que muitas esposas e mães controladoras acreditam que devem ter tudo e todos debaixo de sua mão, pois, caso contrário, as coisas não seguem adiante. Não é surpresa que estejam debaixo de estresse. É óbvio que ninguém consegue controlar tudo e todos. Portanto, faço questão de pedir a essas mulheres controladoras que me digam onde elas acham que podem ceder com respeito a seus filhos ou a seu marido:

"Talvez você possa deixar a pequena Annie tomar algumas decisões sobre quais roupas ela quer usar."

"Em relação a restaurantes (ou filmes, ou lugares para passar as férias etc.), talvez George tenha um gosto melhor do que você acha. Por que não deixar que ele escolha da próxima vez?"

2. *Perceba que ser menos controladora não quer dizer que as coisas estão fora de controle.* Mães controladoras costumam ter muito medo de que, se soltarem as rédeas de seus filhos, todos se perderão. Elas costumam responder assim: "Pensei que o senhor fosse um grande defensor da Disciplina da Realidade, dr. Leman. Está me dizendo que devo ser permissiva?". Como veremos no capítulo 7, a Disciplina da Realidade dos filhos não significa segurá-los com mão de ferro. Significa permitir que eles façam escolhas. É impressionante ver como você reduz sua própria pressão (e o estresse que resulta dela) quando deixa que as outras pessoas sejam responsáveis por suas próprias decisões, em vez de você sempre ter de tomar decisões por elas.

3. *Lembre-se de que para amar os membros da sua família você precisa ser capaz de deixá-los seguir sozinhos.* Algumas mães que sentem que precisam estar no controle constante realmente se irritam com este item. O que quero dizer quando falo que elas não amam seu marido e seus filhos? Elas estão simplesmente tentando fazer *o que é melhor para todos*! Parafraseando uma frase famosa de um filme bem conhecido, "O amor nunca precisa dizer 'eu só queria fazer o que era melhor para você'". O amor liberta; ele não prende, não segura, nem controla.

DICAS PARA AQUELES QUE VIVEM COM UM CONTROLADOR

Para as mulheres que são casadas com controladores, ofereço as seguintes sugestões:

1. *Recuse-se a entrar no jogo de controle de seu marido.* Lembre-se de que, no minuto em que você entrar no jogo que ele deseja jogar, seu estresse terá início. Costumo aconselhar mulheres que trabalham a não cair na velha conversa que diz mais ou menos isto: "Claro que você pode trabalhar — mas o jantar tem de estar pronto às 19 horas". Sugiro uma confrontação gentil e uma discussão madura sobre como vocês dois podem compartilhar as tarefas da casa. É claro que isso às vezes funciona e às vezes não, mas sempre vale a pena tentar.

Lembro-me de ter aconselhado uma mulher que tinha um marido extremamente crítico. Ele a condenava duramente em relação a questões financeiras em particular, e a mantinha num orçamento bastante apertado. Por mais frugal que ela fosse, ele a criticava quando ela ficava sem dinheiro, o que acontecia quase sempre, pois ele simplesmente não lhe dava o suficiente. Por fim, ela se cansou de tudo aquilo. De modo calmo, mas firme, ela entregou todas as contas e o talão de cheques de volta ao seu marido. Ele brigou com as finanças por três meses e acabou aumentando o orçamento *significativamente* antes de implorar à sua esposa que reassumisse a tarefa de cuidar das contas!

2. *Entenda que seu cônjuge controlador provavelmente não vai mudar muito.* Isso pode soar como desistência, mas é um princípio básico para evitar o estresse.

3. *Aceite os hábitos controladores de seu cônjuge sem entendê-los como ataques diretos a você ou ao seu caráter.* Quando ele for brigão, dominador ou emburrado, você não deve entender isso como algo relacionado diretamente a você. Lembre-se da regra que aprendemos anteriormente: qualquer fonte de pressão, tensão ou crítica não se torna um estressor nem se transforma em estresse, *a não ser que você veja aquilo como uma ameaça.*

Muitas esposas que aconselho estão se tornando estressadas em casa porque o marido, os filhos ou outra pessoa as ameaça de alguma forma. Quando as ajudo a entender que aquilo que está acontecendo não é uma ameaça real, mas simplesmente um fato da vida, elas dão grandes passos na direção de ficarem mais relaxadas.

Grace, 31 anos, era um exemplo de esposa que se sentia ameaçada por uma mulher que trabalhava para seu marido. Grace estava feliz no casamento com Ralph, um executivo extremamente bem-sucedido, mas viu-se com ciúme de Linda, a assistente de Ralph.

Linda era bastante assertiva, confiante — um dínamo. Ralph falava constantemente sobre Linda e era obviamente dependente do trabalho dela. Grace se irritava com isso ao extremo porque sentia que Linda era mais importante para seu marido que ela mesma. Toda vez que Ralph falava sobre Linda, a esposa ficava tensa e irritada.

Quando ligou para marcar um horário comigo, Grace disse que se sentia muito estressada por causa de três filhos pequenos. Mas, enquanto contava seus problemas na criação dos filhos, continuava mencionando Ralph e "aquela assistente que ele tinha no trabalho". Em nossa terceira sessão, Grace contou sua história e, então, perguntei:

— Quando Ralph fala sobre Linda, ele dá a impressão de que a considera uma pessoa melhor que você ou ele parece simplesmente agradecido pela ajuda da assistente?

— Bem, não tenho muita certeza. Tudo o que sei é que ela parece ser controladora e atrevida — disse ela.

— Espere um instante. Você disse que ela era confiante e capaz. De onde você tirou essa ideia de controladora e atrevida? Parece que boa parte do seu estresse provavelmente deriva da percepção que você tem de Linda, percepção essa que pode estar totalmente errada. Por que você não conversa com Ralph e simplesmente lhe conta como se sente?

Grace não estava muito convencida, mas acabou falando honestamente com Ralph. Para sua surpresa, ele não riu dela nem ficou irritado. Tudo o que ele disse foi: "Acho que falo demais sobre Linda, mas apenas porque ela é uma boa funcionária. Ela é uma ótima assistente, mas odiaria ter uma perfeccionista daquela como esposa".

O comentário de Ralph ajudou Grace a perceber que Linda não era, de modo algum, uma ameaça. Grace finalmente viu que estava fazendo um enorme desserviço a si própria ao comparar-se com a assistente de seu marido, pois não havia nenhuma base real de comparação. Todo esse incidente ajudou Grace a relaxar e a sentir-se mais segura ao lado de Ralph. Os problemas de estresse que ela enfrentava com relação aos filhos também diminuíram.

AGRADADORES PRECISAM SER BAJULADOS

O oposto direto de um controlador é um agradador (sim, você adivinhou: é comum encontrar agradadores casados com controladores).

Agradadores querem que os oceanos da vida sejam calmos. Eles precisam da aprovação de todos — particularmente de outros membros da família.

Agradadores são extremamente sensíveis a críticas e trabalharão muito para acertar as coisas entre todos os envolvidos.

Agradadores têm medo de falar sobre seus verdadeiros sentimentos, pois a verdade pode resultar em rejeição. É por isso que os agradadores são o tipo de pessoa que se dá bem com os outros. São habilidosos em ler sinais sociais e sabem como ceder para que todos se mantenham felizes.

Agradadores costumam viver atrás de uma máscara de falsidade. Embora estejam chacoalhando a cabeça em concordância, em seu íntimo eles discordam fortemente — e odeiam a si mesmos por sua covardia.

Agradadores normalmente têm baixa autoestima. Não acham que o seu pouco valha alguma coisa. É por isso que, na tentativa de construir sua autoimagem, aparam as arestas e fazem tudo para todos.

Perfeccionistas normalmente são agradadores. Conforme mencionei anteriormente, os controladores podem ser perfeccionistas também, mas no agradador o perfeccionismo se mostra de maneira diferente.

Dois dos agradadores mais cheios de estresse que já encontrei foram Bernadette e seu marido, Gene, ambos extremamente ativos numa igreja conservadora na qual Gene era presbítero e Bernadette atuava como superintendente da escola dominical, líder de estudos bíblicos para senhoras e diaconisa.

Chamo Bernadette e Gene de "pessoas-pedestal" porque achavam que tinham de ser sempre o exemplo perfeito. A família tinha todo tipo de problema. Gene e Bernadette não eram exatamente felizes juntos e também enfrentavam dificuldades com a criação de seus quatro filhos.

Quando conversei com eles, pude notar que seu nível de estresse era extremamente alto. Bernadette, em particular, sentia pressão constante para ser a esposa de presbítero perfeita, assim como uma mulher cristã perfeita. Essa família estava de tal modo envolvida no estilo de vida do agradador que ter alguma diversão comum ou tirar férias provocava enorme culpa e apreensão. O casal veio a mim logo depois das férias e confessou que a família assistiu a diversos filmes, foi a um parque de diversões e chegou a comer num restaurante onde se servia bebida alcoólica. Estavam convencidos de que Deus estava irado com eles. Isso me fez pensar que o Deus a quem eles adoravam devia ter o maior estilingue de todos os tempos!

"Se alguém da igreja ouvir isso, vão nos botar para fora", disse-me Gene.

Como pessoas-pedestal, Gene e Bernadette achavam que tinham de estar sempre à altura, à altura e à altura. As pessoas estão olhando — sempre olhando — e você deve ser perfeito. Você deve fazer isso e fazer aquilo para agradar a todos e manter os oceanos da vida perfeitamente calmos.

Muito embora seus filhos fossem crianças bastante normais, a condição de pais causava enorme tensão a Gene e Bernadette. O que seria considerado um problema normal e coisa sem importância na maioria das famílias, era visto como um desastre na deles. Se um dos filhos fosse mandado para a sala do diretor, por exemplo, a criança ficaria de castigo por um mês, além de sofrer outras penalidades. Quando a filha adolescente começou a fugir para ficar com amigos considerados "indisciplinados" por Gene e Bernadette, a tensão foi violenta. Quando a garota mentiu para se proteger, seus pais ficaram fora de si.

Ainda que Gene demonstrasse boa parcela de estresse, foi Bernadette quem de fato me deixou preocupado. Mostrou-se tão estressada que tive a impressão de que ela estava a apenas um passo de enlouquecer. Concentrei-me no perfeccionismo deles e esforcei-me para ajudá-los a entender que eram pessoas imperfeitas — a despeito de quão dedicados a Deus acreditassem que fossem. O que realmente os levou a mudar foi o fato de eu ter conseguido convencer

Gene, o presbítero agradador-chefe de sua igreja, que, se ele queria mesmo fazer a obra de Deus, então tinha de aprender a compartilhar suas imperfeições com outras pessoas.

"Você fica de bem com Deus em função de vitórias ou de derrotas?", perguntei a Gene. E continuei: "Creio que a Bíblia diz alguma coisa sobre Deus não ficar muito feliz com o orgulhoso, mas ela também fala que Deus sempre está disposto a ajudar o humilde. Se você se tornar suficientemente humilde para compartilhar suas falhas e problemas com outros membros da igreja, eles ficarão mais dispostos a compartilhar os deles com você".

Bernadette, por sua vez, estava cansada de ficar num pedestal. Perguntei a ela:

— Quão confortáveis você acha que as mulheres da sua igreja ficam quando têm de manter você lá em cima daquele pedestal?

Bernadette olhou com firmeza para mim.

— Entendo o que você quer dizer — foi tudo o que ela respondeu.

Durante os meses seguintes, Gene e Bernadette se esforçaram para se abrir e compartilhar seus seres imperfeitos com os outros membros da igreja. Foi muito interessante perceber que as pessoas não os rejeitaram nem se afastaram. De fato, acabaram fazendo novos amigos e foram ainda mais capazes de ajudar seu pastor a, de certa forma, descer do próprio pedestal *dele*.

Tudo isso ajudou Gene e Bernadette a começar a se comunicar e a acertar seu casamento. Bernadette relaxou quando parou de tentar se envolver ou participar de tudo com o propósito de agradar a todos, especialmente a Gene, de quem ela sentia tremenda pressão para ser a esposa perfeita.

Assim que Gene e Bernadette desceram do pedestal, eles conseguiram relaxar em seu papel de pais. Ainda que tenham continuado a ser rígidos, dispuseram-se a ouvir seus filhos e a tentar ser mais compreensivos. A família inteira fez tamanho progresso que encerraram o aconselhamento depois de apenas alguns meses, com o nível de estresse sob controle.

Em sua sessão final, Bernadette me disse: "É ótimo estar fora do pedestal. Nunca mais voltarei para lá!".

DICAS DE PREVENÇÃO DE ESTRESSE PARA AGRADADORES

Sempre que converso com mães e esposas agradadoras — e converso com muitas delas —, dou-lhes as seguintes sugestões:

1. *Aprenda a dizer não.* Tenha a coragem de enfrentar seus familiares e de não fazer tudo por eles. As mães costumam limpar a sujeira de todo mundo.

No cantinho do café em nosso consultório temos uma placa que diz: "Sua mãe não trabalha aqui. Por favor, limpe o local depois de usá-lo".

2. *Pare de se desculpar pelos pensamentos que tem e pelas palavras que diz.* O que você tem a dizer é importante. Sei que você não ganhará autoestima com um estalar de dedos, mas os primeiros passos na direção de uma autoimagem melhor incluem ter a coragem de falar o que está em sua mente. Quem sabe os controladores da sua vida não se surpreendem e decidem ter um pouco mais de respeito por você?

3. *Entenda que deixar de tentar agradar a todos o tempo todo não significa que você seja uma pessoa desamorosa ou "ruim".* Pelo contrário, deixar que os outros sigam seu próprio caminho é uma ótima maneira de lhes mostrar amor. De que outra maneira poderiam eles aprender a ser responsáveis e a agir por si próprios? Isso é particularmente verdadeiro quando se trata de criar filhos. Não há melhor maneira de encaminhar seu filho ao fracasso do que sempre "fazer as coisas por ele" para garantir que ele seja feliz e fique contente com você.

LOUCOS POR ATENÇÃO QUEREM OS HOLOFOTES

Os loucos por atenção têm uma linha de vida que diz: "Sou importante somente quando sou notado". Veja algumas das características desse tipo de pessoa.

1. *Loucos por atenção costumam ser filhos caçulas, os bebês da família.* Os bebês costumam ser desprezados pelos irmãos mais velhos e desenvolvem uma atitude que diz: "Vou lhe mostrar do que sou capaz". Os caçulas costumam se exibir para ficar debaixo dos holofotes e obter o respeito e a admiração dos outros membros da família.

2. *Loucos por atenção também podem ser os primogênitos da família.* Os primogênitos normalmente obtêm atenção ao fazer tudo certo, ser cooperador, tirar boas notas e assim por diante. Essa é uma forma positiva de se obter atenção. A forma negativa é ser desagradável ou agir como alguém que sabe de todas as coisas. A questão é que o louco por atenção obtém aquilo que deseja ao manipular as pessoas ao seu redor de modo que sempre se lembrem dele, sejam atraídas a ele, fiquem incomodadas por ele ou o parabenizem.

3. *Loucos por atenção buscam mérito.* Eles fazem coisas boas e, então, perguntam: "Onde está meu reconhecimento?". O que eles querem é recompensa e elogio. Fazem muitas coisas pelos outros, mas têm uma motivação oculta. Dizem repetidamente a si mesmos: "Sou importante somente quando sou notado; portanto, é melhor as pessoas me notarem!".

4. *Loucos por atenção são primos de primeiro ou segundo grau de controladores*, e falo com muitas mães que se encaixam no rótulo de uma forma ou de outra. Em suas manifestações mais leves, o ato de ansiar por atenção pode ser irritante para outros membros da família, que se cansam das conversas em voz alta, do riso estridente e de alguém que sempre tem de estar no palco e cujo pensamento é "Por que as pessoas não fazem tanto por mim quanto eu faço por elas?".

Em situações mais sérias, o desejo por atenção pode arruinar casamentos. Lembro-me de um homem de 38 anos que clamava por atenção de tal modo que acabou tendo caso com várias mulheres em seu trabalho, uma vez que sua esposa, quieta e apreciadora de atividades mais caseiras, não dava suficiente atenção a ele nem lhe dava o carinho que ele procurava.

COMO LIDAR COM LOUCOS POR ATENÇÃO

Se você está casada com alguém desse tipo, tente fazer o seguinte:

1. *Não entre no jogo do louco por atenção*, particularmente se os meios empregados para obter atenção forem negativos. Se, por exemplo, a tática que seu marido usa para ganhar sua atenção a deixa desconfortável, diga a ele como você se sente — e por quê.
2. *Confronte diretamente o louco por atenção, de maneira calma e amorosa.* Quando ele se fizer de tolo, diga: "Olhe, fico aborrecida quando você faz coisas para chamar atenção para si. Gosto quando você age como você mesmo, não como outra pessoa".
3. *Jamais deixe que um louco por atenção faça brincadeiras usando você como tema.* Diga a ele: "Ninguém gosta de ser usado — especialmente sua esposa".
4. *Faça comentários positivos ao louco por atenção quando ele abandonar a postura "olhe para mim".* Seja cuidadosa, porém, para não dar tapinhas na cabeça dele nem ser bajuladora. Em vez disso, diga algo mais ou menos assim: "Realmente gostei do modo como você se comportou com os Smiths no jantar. Você foi inteligente e cheio de estilo, e fiquei orgulhosa de ser sua esposa".

Se perceber que você mesma é uma louca por atenção, veja alguns passos positivos que pode dar.

1. *Tenha sempre consciência de que precisar de atenção é uma marca de imaturidade.* Se, por exemplo, você precisar de toda a atenção no seu relacionamento conjugal, você está agindo de modo egoísta, com prejuízo para sua família.

2. *Pare de ansiar por mérito.* Veja quantas coisas interessantes você pode fazer pelas pessoas sem esperar reconhecimento ou retribuição. Você descobrirá que as recompensas emocionais não são tão importantes.

3. *Tente deliberadamente colocar outras pessoas sob os holofotes*, antes de fazê-lo consigo mesma. Algumas maneiras simples de fazer isso incluem deixar seu marido falar um pouco quando vocês estiverem entre amigos, ou deixar que aquela vizinha mais reservada a convide para um café, em vez de você sempre insistir que ela venha a sua casa.

MÁRTIRES ACHAM QUE SÓ MERECEM PERDER

A frase favorita do mártir é: "Sou importante somente quando perco, sofro ou não recebo muita coisa".

Mártires costumam ter uma autoimagem ruim. Eles procuram pessoas que reforcem essa autoimagem negativa — particularmente cônjuges.

Mártires são bons em encontrar pessoas capazes de pisar neles, usá-los e abusar deles. Os alcoólicos costumam se casar com mártires, pois estes procuram sempre defendê-los e mimá-los, achando que essa é a melhor maneira de demonstrar "amor verdadeiro".

Um relacionamento ruim com o progenitor do sexo oposto costuma ajudar a desenvolver a personalidade do mártir. Converso com várias mulheres que são mártires e descobrem que não tinham um bom relacionamento com seu pai. Gerilynn, 34 anos, casada e mãe de três filhos, ficava me dizendo durante o aconselhamento: "Não sou boa, não sou coisa alguma, ele não me conta nada. Ele faz o que quer com as finanças — ele só quer que eu faça sexo e cuide da casa".

Ficou claro que o marido de Gerilynn controlava tudo. Eles tinham apenas um carro, e o marido ia com ele para o trabalho todos os dias, muito embora pudesse facilmente usar o transporte público.

Ironicamente, apesar de ser um ótimo provedor, o esposo de Gerilynn era bastante comedido tanto com seu dinheiro quanto em suas conversas. Ele era o clássico "homem de poucas palavras" e raramente se comunicava com a esposa ou os filhos.

Pedi a Gerilynn que descrevesse seu pai, e ela me disse isto: "Era um homem muito rígido, de poucas palavras, um bom provedor, e podia controlar você com apenas um olhar. Era bastante moderado com as finanças, do tipo conservador, e tinha um temperamento violento que presenciei apenas duas vezes, mas foi o suficiente".

Depois, pedi a ela que descrevesse sua mãe e, claro, vimos o oposto exato: "Bastante amorosa, muito paciente. Ela seria capaz de dar as roupas do corpo para você vestir. Era dona de casa em tempo integral e cuidava dos filhos dos outros de vez em quando para ganhar um dinheiro extra".

O retrato de Gerilynn era bastante claro, e fora pintado anos antes, quando ela ainda era criança. Tratava-se de uma mártir clássica que agora enfrentava a deserção do marido, envolvido com outra mulher. Pelo menos isso deixou Gerilynn suficientemente irritada a ponto de me procurar para tentar obter alguma ajuda.

"Eu deixo que ele seja o chefe da casa", enfureceu-se ela, "mas o que isso faz comigo? O que tudo isso faz comigo?".

Expliquei a Gerilynn que permitir que seu marido a controlasse, como ele estava fazendo, não trazia a ela benefício algum, senão ser pisada. Ao submeter-se tão completamente ao marido, ela se tornara um pano de chão, e nenhum homem gosta de ir atrás de um pano de chão. Por isso ele encontrou outra pessoa.

Converso com muitas mulheres que foram ensinadas a ser "esposas submissas". O problema é que elas incorporaram essa expressão de maneira tão profunda que se tornaram capachos e panos de chão. Elas normalmente começam como agradadoras e terminam como mártires porque o marido tira vantagem delas. Na melhor das hipóteses, vivem infelizes e frustradas; na pior, costumam ser vítimas de abuso e de maus-tratos.

Mártires têm um talento especial para se juntar a perdedores. Elas se casam com alcoólicos, espancadores de esposas e viciados em drogas. É simplesmente esquisito. Se existe alguém problemático lá fora para ser encontrado, a mártir consegue farejá-lo mais rapidamente do que um cão de caça encontra a ave que o caçador abateu.

Aos 33 anos, Susan era uma mártir clássica. Divorciada três vezes, analisava a ideia de entrar em um quarto casamento e me procurou, atendendo ao conselho de alguns bons amigos que tinham fortes suspeitas de que a nova união também não fora criada no céu.

Susan conhecia Tony havia apenas três meses e meio, mas já estava "loucamente apaixonada". Quanto mais ela me falava sobre Tony, menos animadora a coisa me parecia. Tony tinha um péssimo histórico familiar. Abandonado pela mãe aos 9 anos, foi criado pelo pai durante dois anos e, aos 11, foi viver com a avó paterna em outra cidade. Tentei explicar a Susan que, quando um filho não tem um relacionamento estável com a mãe, normalmente ele não é um bom partido para o casamento.

Susan não se importava com as probabilidades. Ela queria Tony — mais precisamente, ela *precisava* do Tony. Uma das incríveis necessidades da vida daquela mulher era sempre ter um homem. Enquanto conversava com ela, descobri que em 25 anos — desde os 8 anos — ela sempre tivera um namorado, um homem ou um marido.

Uma mentira que muitas mulheres contam a si mesmas é: "Eu simplesmente *tenho* de ter um homem". Algo que sempre tento comunicar às minhas clientes é que ter um homem é uma opção, não uma necessidade. Como minha colega de profissão e amiga Sonya Friedman colocou no título de seu livro, *O homem é a sobremesa*.

Diante de todos aqueles sinais negativos, fiz o que pude para convencer Susan a não entrar em tal casamento. Se o que ela sentia por Tony era assim tão forte, poderiam continuar namorando — e esperar por pelo menos dois anos antes de se casar.

Naturalmente, foram necessários bem menos do que dois anos para que o verdadeiro Tony aparecesse. Em quatro meses, Susan rompeu o relacionamento porque teve uma boa indicação de quão hostil ele poderia realmente ser em relação às mulheres. E de onde Tony tirou essa hostilidade? Basta voltar ao dia em que sua mãe o abandonou.

Quando você é uma princesa em potencial à procura de seu príncipe, o tempo é o seu melhor aliado. Um bom conselho que costumo dar às mulheres é: "Fique longe da cama".

Pesquisas sobre hábitos sexuais masculinos revelam que normalmente os homens não querem uma mulher para ir para a cama no primeiro encontro. Eles esperam até o segundo encontro. O primeiro é simplesmente para se conhecer, para dizer "Oi, como vai?". Mas, quando um homem volta para o segundo encontro, ele normalmente tem esperança de que vai acontecer um "rala e rola", e muitas mulheres são tolas o suficiente para acreditar que, se ele não conseguir isso, nunca mais voltará.

Minhas perguntas óbvias para essas mulheres são: "Se tudo o que ele quer é uma transa e, se não conseguir, vai parar de vê-la, o que você perdeu? Se ele tem de fazer sexo no segundo encontro, até que ponto está falando sério quando diz que deseja construir um relacionamento verdadeiramente íntimo?".

As mulheres com o estilo de vida de mártir têm dificuldades com essas perguntas. Isso é especialmente verdade se elas forem mulheres como Susan, que já se divorciaram duas ou três vezes. Estou totalmente convencido, porém, de que, quando uma mulher permite que um homem se torne fisicamente íntimo sem o compromisso do casamento, ela destrói o potencial de construir qualquer coisa real ou duradoura.

Esse pode ser um conceito difícil de ser vendido, especialmente nestes dias de "moralidade iluminada" (creio que o mais correto é chamá-la de *moralidade ignorante*), mas os fatos psicológicos estão aí. Muitos homens têm medo da intimidade verdadeira. Eles também tendem a tentar usar o sexo para resolver suas preocupações e seus problemas emocionais. Quando se sentem mal em relação a si mesmos, acham que a melhor maneira de provar o contrário é "ganhar" alguém e vencer. E eles adoram espreitar mulheres que acreditam que são importantes somente se tiverem um homem, dispostas a fazer qualquer coisa para conseguir um.

DICAS DE PREVENÇÃO DE ESTRESSE PARA MÁRTIRES

Não é difícil perceber que mártires são agradadores que deixaram a vida sair do controle. O marido e os filhos de mulheres assim as estressam tanto que elas vivem em um estado perpétuo de exaustão. Para todos os efeitos, elas desistiram. Para ajudar as mártires a sair do Pântano da Vida, digo-lhes o seguinte:

1. *Amar não significa deixar que seus filhos e seu marido pisem em você.* Este é um conselho particularmente útil para a esposa de alcoólicos. Creio que a maior parte dos anúncios de centros de tratamento de alcoólicos é planejada para alcançar a esposa mártir e ajudá-la a ter coragem de fazer algo em relação ao problema de seu marido. Em quase todo pequeno "episódio" desses anúncios, a esposa finalmente bate o pé e faz o marido ligar para algum centro particular de tratamento.
2. *Dê alguns passos positivos para construir sua autoestima.* Pare de contar a si mesma mentiras como "Sou importante somente quando estou sofrendo e de fato não mereço nada melhor do que isto". Você pode seguir pela vida acreditando nessa besteira ou pode mudar. É por isso que tento ajudar pessoas a encontrar uma boa igreja onde possam desenvolver uma fé verdadeira em Deus. Alguém colocou a questão da seguinte maneira: "Deus não cria lixo!". Gostaria de adicionar a isso e dizer que Deus não cria mártires — pelo menos não o tipo que aparece em meu consultório.
3. *Perceba que você é a sua pior inimiga.* Mártires gostam de pensar que o mundo deseja pegá-las, que os outros estão fazendo todo tipo de trabalho sujo contra elas. Na verdade, a mártir é quem está fazendo o trabalho sujo. Lembro-me de Gail, uma dona de casa de 39 anos que me procurou com um autodiagnóstico de "depressão crônica". Gail estava casada com um programador de computadores nada emocional e bastante apático que havia drenado da vida de Gail qualquer gosto e entusiasmo que fosse. Pode-se dizer que a vida com Ralph tornara o ato de ver a grama crescer algo capaz de parar o coração de tão emocionante.

Assustei Gail quando perguntei de onde vinha sua depressão.

— Ora, vem de Ralph, é claro — foi a resposta dela.

Eu lhe disse que, para mim, isso soava como se ela tivesse contraído um caso crônico de depressão de seu marido. Na verdade, foi ela quem *optou* por ficar deprimida. A depressão não vem de fora, mas de dentro. Quando o marido foi insensível, esqueceu do aniversário dela ou a presenteou com algo de baixa qualidade e destituído de gosto, o que ela fez?

— Bem, eu fiquei deprimida. Acho que ele me deixa deprimida — disse ela.

— Não — respondi. — Você *optou* por ficar deprimida. Você se sente mal porque seu marido não é aquilo que ele deveria ser; então, em essência, o que você faz é mudar seu comportamento para mostrar quão mal ele a fez se sentir.

Insisti com Gail para que ela tentasse algo novo: chocar seu marido recusando-se a reforçar o comportamento rude dele.

— Tente dizer a ele como você se sente em relação a cores como laranja e roxo juntas; fale sobre arte ocidental, pedras preciosas, colares folheados, ou qualquer outra coisa. Antes de tudo, você precisa admitir que tem alguns sentimentos e tem o direito de expressá-los de maneira positiva. Talvez, Gail, você possa se tornar uma professora para Ralph e ajudá-lo a aprender que existem outras coisas na vida além daquilo que ele vê neste momento.

Gail tentou e, embora Ralph não tenha mudado tanto assim, ela mudou. Em vez de perceber o comportamento de Ralph como algo que a ameaçava e deprimia, ela começou a olhar para as coisas de maneira diferente. A depressão sumiu, e Gail conseguiu viver uma vida mais feliz.

LEMBRE-SE DE ONDE VEM O ESTRESSE

Existem muitos outros estilos de vida que poderíamos discutir. Variações do estilo controlador incluem pessoas que dizem a si mesmas coisas como "Sou importante somente quando venço" ou "Sou importante somente quando sou bem-sucedido". Hoje vivemos numa sociedade que, em sua maior parte, funciona em termos de ganhar ou perder; então, fala-se muito sobre vitórias. Ter sempre de ganhar ou ser bem-sucedido é uma maneira perfeita de colocar-se debaixo de uma carga de estresse suficiente para matá-la.

São muitas as variações do estilo de vida do agradador, e uma das que vejo com mais destaque ao aconselhar membros de igreja é a ideia de que "Sou importante somente quando sirvo a Deus". Aconselho pessoas que estão ocupadas demais servindo ao Senhor dizendo-lhes que são candidatas a um colapso por estresse. É bastante irônico o fato de que a fé, algo que deveria lhes dar paz e satisfação, as esteja drenando e exaurindo. O Senhor não é o pastor delas. Ele é o capataz responsável pelos detentos que realizam trabalhos forçados.

Que tipo de estilo de vida você tem? Que tipo de bote salva-vidas você oferece a si mesma todos os dias? Você pode se encaixar em algumas das categorias que discutimos, ou pode ter sua própria versão ou ênfase particular. Seja qual for o seu estilo de vida, ele lhe provocará estresse. Às vezes o estresse pode ser bom e ajudar você a realizar aquilo que precisa ser feito. Mas em muitos casos ele pode ser destrutivo e tóxico. A maneira de impedir esse segundo tipo de estresse é mudar suas percepções.

"É mais fácil dizer do que fazer", você pode estar pensando, e está certa. Mas você consegue fazer, um pouco aqui e um pouco ali. De fato, tenho de dizer que *deve* fazer isso porque o estresse vai chegar até você — isso é uma certeza — de todas as direções. No capítulo 4 analisaremos algumas das principais fontes de estresse em sua vida.

CAPÍTULO 4

Os seis maiores estressores na vida de uma mãe

"Há dias em que ser mãe é uma droga."

"O que causa estresse na sua vida?" é uma pergunta que gera uma avalanche de respostas de mulheres de todas as idades. Entrevistei mulheres e descobri seis fontes de estresse em potencial entre as casadas, com e sem filhos, e também entre um grande número de mães solteiras. Antes de eu apresentar esses seis "inimigos" potenciais, vejamos quantos deles você consegue descobrir em ação em Teri, uma mãe de 33 anos, com três filhos, que quase foi levada à loucura por praticamente todos os seis grandes estressores.

Quando me procurou pela primeira vez, Teri estava casada havia onze anos. Além de trabalhar como professora numa pré-escola, cuidava de suas três crianças, com 8, 6 e 4 anos. Isso já seria suficiente para manter a maioria das mulheres ocupada, mas para Teri aquilo era só o começo. Era líder de um grupo de bandeirantes com idades entre 7 e 9 anos, lecionava na escola dominical, era técnica de *softball* e recolhia donativos para a organização filantrópica United Way!

Joe, o marido de Teri, era gerente-geral de vendas de uma pequena indústria, e seu trabalho exigia que viajasse bastante, deixando a esposa como "guardiã do forte" na maior parte do tempo.

O estilo de vida de Teri se encaixava na categoria de agradadora. Sua principal missão na vida era fazer que todos gostassem dela, particularmente seus filhos e seu marido. Teri, uma linda loira, apareceu em meu consultório aparentando cansaço e fadiga, como muitas mulheres que atendo. Ela me disse que acordava cansada e que se sentia como se estivesse "perdendo o controle". Relatou sintomas como falta de ar, suor nas mãos e comentou que, em algumas ocasiões, sentia "como se o coração fosse sair pela boca".

Teri admitiu abertamente que não gostava mais de si mesma. "Ando gritando com as crianças, não sou uma boa mãe. Também não sou uma boa esposa — estou chateada com Joe e com as longas horas que ele passa no trabalho. Nem mesmo gosto de voltar à noite para casa depois do meu trabalho na pré-escola. Fico triste por ter de arrumar a cozinha e lavar a roupa para que as crianças tenham o que vestir para ir à escola."

A autoestima de Teri estava baixa o tempo todo. Ela estava deixando de ver o que a vida realmente é e não tinha certeza de que alguma coisa fosse de fato importante.

A PISTA DE ALTA VELOCIDADE NÃO É LUGAR PARA TRICICLOS

As coisas não andavam exatamente como Teri havia planejado ao se casar com Joe. Tudo estava no devido lugar naquela época. Ela trabalharia por um tempo até que a carreira de Joe decolasse e, então, criaria sua família, tal como sua mãe fizera lá no estado de Ohio.

Agora, porém, Teri estava presa, viajando na pista de alta velocidade e tendo apenas um triciclo como meio de transporte. Ali estava uma mulher que amanhecia com dores no estômago e terminava a maioria dos dias com dores de cabeça que a forçavam a deitar-se e permanecer totalmente parada até que a dor e a náusea diminuíssem a um ponto em que ela pudesse fazer suas coisas.

Teri admitiu que, em muitas ocasiões, ela se pegara dormindo durante o dia quando não estava no trabalho. Ou vinha para casa depois do trabalho, dormia na hora do jantar e acordava de madrugada, percebendo que não tinha alimentado as crianças. Esta segunda rotina era especialmente atraente quando seu marido estava fora da cidade a negócios.

De alguma maneira, porém, ela desempenhava suas funções de modo impecável em seu emprego de meio período como professora da pré-escola. Ela não tinha ajuda suficiente para lidar com as quinze crianças de 4 anos que ficavam sob seus cuidados, mas trabalhava com um sorriso nos lábios. Tinha orgulho de sua reputação como "uma das melhores professoras da escola".

Tal como muitas outras na mesma dificuldade, Teri teve problemas para entender por que as coisas estavam desabando. Afinal de contas, ela e Joe desfrutavam de sucesso financeiro e "liberdade". Tinham uma casa nova com cinco quartos e piscina, dois carros zero-quilômetro e uma faxineira que fazia limpeza duas vezes por semana. Superficialmente, parecia que Teri e Joe tinham tudo a seu favor. Por que, então, ela estava disposta a sair correndo?

TERI QUERIA DEIXAR TUDO PARA TRÁS

Teri era representante de um novo tipo que vejo cada vez mais em meu consultório. Estava profundamente desiludida com o casamento, e seus instintos lhe diziam para cair fora. Assim como muitas mulheres da atualidade, Teri queria sair correndo e largar o marido e os filhos — simplesmente deixar tudo para trás.

Perguntei a Teri:

— Quais são as principais prioridades do seu marido? Apresente-as, se possível, na ordem, um, dois, três etc.

Teri respondeu que as prioridades dele eram: 1) trabalho; 2) segurança financeira; 3) filhos; 4) pais.

— E onde você se encaixa? — perguntei, curioso.

— Bem — respondeu ela — acho que me encaixo em algum lugar, talvez em quinto.

Era óbvio que Teri tinha muitos problemas, mas pude ver que um dos principais era Joe. Seu marido certamente não estava mostrando o tipo de liderança que um homem deveria prover num casamento. Toda vez que uma esposa não está bem no topo das prioridades de seu marido, esse casamento está em dificuldade.

Duplamente trágico em toda essa situação foi o fato de que, quando Teri tentou mandar uma mensagem a Joe sobre como ela se sentia, ele explodiu. Sempre que ela citava a necessidade de eles saírem juntos ou tão somente passarem algum tempo sozinhos, Joe a aniquilava emocionalmente, fazendo-a lembrar-se de que ele fazia "tudo aquilo no trabalho por você e pelas crianças". E a pior parte disso tudo foi que Teri acreditou nele!

Teri era o exemplo clássico de uma mulher que havia caído na típica armadilha da atualidade: entrar de cabeça nas coisas. Ela dizia a si mesma que, para ser realizada, tinha de trabalhar fora de casa, dirigir o carro mais moderno, viver na melhor casa e ser uma esposa e mãe amorosa, assim como membro ativo da igreja e voluntária, tudo sem qualquer dificuldade. Ela foi pega numa monotonia infindável, e o estresse a estava levando a um estado de total exaustão. Não foi surpresa que ela quisesse fugir.

Eu sabia que fugir não produziria grandes resultados, mas, antes de dizer como tentei ajudar Teri a sair de seu Pântano, vamos ver se você identificou as várias áreas que haviam se transformado em fontes de todo esse estresse.

OS FILHOS SÃO O FATOR ESTRESSOR NÚMERO UM

Como você provavelmente percebeu, os filhos eram o estressor número um em um grupo de cerca de duzentas mulheres que entrevistei. O grande problema de Teri com seus três filhos era a disciplina. Uma vez que ela era agradadora, sua tendência era ser permissiva. Seu trabalho de meio período exigia que os filhos passassem bastante tempo aos cuidados de babás ou, no caso da criança de 4 anos, numa creche particular.

Seus filhos se ressentiam do trabalho dela e deixavam isso bem claro quando ela chegava em casa: demonstravam várias formas de mau comportamento. Tal como muitas mães que trabalham, Teri tinha um caso clássico de "culpas" que a levavam a ser mais permissiva. Em vez de usar a mão firme, Teri tentava aplacar seus filhos sendo uma "mãe legal", permitindo que fizessem muitas coisas sem serem repreendidos, mais do que seria o correto. O resultado era que em praticamente todas as noites o ritual de ida para a cama terminava com Teri gritando com os três filhos, depois de ela ter extrapolado seu próprio limite.

Não há dúvida de que Teri deveria colocar os filhos bem no alto de sua lista de estresse, como fez a maioria das mães que entrevistei. Se o problema particular de Teri não se encaixa exatamente em sua situação, veja se você se encaixa na lista a seguir, composta de modo aleatório por comentários das mães que entrevistei.

Uma mãe, 29 anos, de uma criança de 9 meses tem problemas no final do dia, "quando as coisas não saem do meu jeito, quando o jantar queima, quando meu filho chora e nada o acalma...".

A maioria das mães está acostumada a experimentar estresse quando aquelas coisinhas pequenas fazem "buá" no meio da noite. Outra mãe, 23 anos, com um bebê de 6 meses, admitiu estar estressada pelo "choro, barulhos e gritos do meu bebê — por não ser capaz de dormir em razão das mamadas noturnas etc.".

É claro que os bebês não choram à noite para sempre. Eles crescem e se transformam em crianças de 2 anos. Quando li os comentários a seguir, ficou claro que, para aquela mãe de 23 anos, a vida era um grito: "Estar ao telefone com uma criança gritando no meu colo; estar num local público com uma criança gritando no meu colo; dirigir com uma criança gritando" eram os momentos que lhe causavam estresse.

Havia também uma mãe de 25 anos com dois filhos — um de 2 anos e outro de 1 — e que estava esperando um terceiro! Não é de admirar que ela tenha tido força para escrever apenas uma palavra em sua ficha: "Fadiga!".

Quando as crianças ficam um pouco maiores, as fontes de estresse são diferentes, mas não menos intensas. Uma mãe de 32 anos, com filhos com 12 e 8 anos, disse que fica estressada "quando meus filhos não agem com nenhum bom senso. Quando não dão a mínima". Uma mãe de 36 anos, com filhos com 10 e 5 anos, sentia estresse quando tinha de "agir como juíza entre meus filhos".

Naturalmente, quando os filhos atingem a adolescência, as coisas melhoram, certo? Não para várias mães com quem conversei. Uma mãe de 38 anos estava estressada com o problema de notas de seu filho de 14, e também por causa das constantes brigas dele com o irmão de 9 anos.

Uma mãe de 39 anos, com dois adolescentes, disse como era sua casa: "Você só pode estar brincando! A de 18 está sempre atrasada e fica o dia inteiro grudada no telefone. Meu filho de 15 tem uma doença crônica. Estou totalmente sem tempo, e meu marido sempre deixa as tarefas de casa para depois".

Os anos da adolescência costumam gerar estresse na forma de preocupações sobre como os filhos estão se saindo em termos acadêmicos e sociais. Uma mãe com 43 anos, mãe de dois adolescentes, se preocupava com o desempenho de seus filhos na escola, também com a falta de amizades e a autoimagem ruim que tinham de si mesmos.

Uma mãe de 47 anos, com filhas de 21 e 19 anos e filhos de 15 e 12 anos, disse: "Estou estressada por ficar pensando se minhas filhas encontrarão bons maridos que tenham a mesma fé que elas professam. Uma das filhas tem pensamentos suicidas desde os 13 anos. As meninas parecem viver apenas para o hoje, sem planejar o futuro".

E assim se repete o ciclo. Estresse e filhos se juntam, e não há como evitar isso. Existem algumas coisas que você pode fazer para diminuir o nível de estresse, e falarei sobre isso nos capítulos 7 e 8. Enquanto isso, vamos voltar a Teri e a outras pressões que a estavam consumindo.

O RELÓGIO E O ESTRESSE ANDAM DE MÃOS DADAS

O estressor número dois em minha pesquisa junto a esposas e mães foi a falta de tempo. Obviamente, Teri se encaixava perfeitamente nessa categoria. Sua agenda impressionante a deixava com pouca energia e, quando surgia alguma coisa inesperada, Teri ficava completamente destruída. O que de fato a derrubava era ter algum dos filhos doente, ainda que por apenas um dia ou dois. Simplesmente não havia tempo reservado para resfriados, gripes e outras coisas assim.

Em uma das sessões, fiz uma brincadeira (que tinha lá seu teor de seriedade) quando perguntei a Teri se seus filhos precisavam agendar dores de estômago ou joelhos esfolados. O tempo apertado era algo muito severo para Teri, mas, em um grau ou outro, o mesmo problema aparece em todo lugar. Na minha pesquisa junto às mães, uma das principais reclamações relacionadas ao estresse tinha a ver com o tempo, a carga de trabalho — a fadiga.

A expressão que surgiu muitas e muitas vezes foi "compromissos demais". Para muitas mulheres, porém, a questão não era o desejo compulsivo de fazer coisas demasiadas. Tratava-se puramente de ser forçada a fazer muita coisa em virtude das responsabilidades que se instalam na rotina de uma mãe.

Uma mãe grávida com 27 anos resumiu as principais causas de estresse em sua vida como: "Tentar planejar uma refeição sem saber quando meu marido estará em casa. Haver me mudado para uma nova casa e ainda ter um monte de caixas para abrir. Ter muitas coisas planejadas para um dia e não conseguir dar conta de tudo".

Outra mãe, de 26 anos com um filho de 1 ano, disse: "Trabalho em meio período, de modo que conseguir trabalhar, arranjar uma boa babá e ainda conseguir arrumar a casa, preparar comida, ter tempo com meu filho, tudo isso causa estresse".

Uma mãe de três filhos, com idades entre 3 e 8 anos, disse de forma tocante: "Parece que *tudo* e *todos* estão disputando o meu tempo!".

Outra mãe com filhos de 13 e 12 anos exclamou: "São muitas frentes de batalha!".

Batalhas diárias rodeiam as mulheres. Uma mãe de 32 anos, com filhos com 8, 5 e 3 anos, descreveu as causas do estresse em termos clássicos: "Meus três filhos, refeições, hora do banho, hora de dormir, dever de casa de meu filho mais velho, meu marido quando bebe — O TELEFONE!".

Você pode ter notado que, nessas citações de mães com tarefas excessivas e agenda lotada, certa palavra surge várias vezes: *marido*. Em minha pesquisa sobre os maiores estressores das mães, o marido aparece em terceiro lugar, apenas um ponto ou dois abaixo das pressões da agenda e do relógio.

O MARIDO PROVOCA ESTRESSE DE MUITAS MANEIRAS

"Desacordos" parecem ser uma das fontes principais de estresse entre esposa e marido. A esposa se estressa diante de discordâncias sobre como disciplinar os filhos, desavenças sobre como gastar o dinheiro e desacordos em relação a chegar em casa tarde, para citar apenas alguns. Uma esposa disse: "Meu marido está sempre atrasado — ele vai se atrasar para seu próprio funeral!".

Esses tipos básicos de desacordos costumam transformar a esposa numa pessoa implicante. Mulheres sabem que não devem implicar, mas elas se sentem empurradas para esse papel. Uma mulher sentia muito estresse por "implicar para que ele fizesse coisas simples como lavar-se, trocar de roupa etc.".

Várias esposas não sentem muita proximidade com seu marido. Uma delas relatou estresse por causa da "ausência física e mental constante de meu marido, ausência mental excessiva de mim mesma, falta de harmonia espiritual com meu marido, oração insuficiente".

Outra esposa, com 21 anos e um filho de 8 meses, citou o marido que "deixa decisões importantes na minha mão. Não há boa comunicação entre nós. Não consigo sequer dez ou quinze minutos longe e livre das responsabilidades com o bebê".

Uma esposa de 36 anos, com um filho de 10, não mencionou seu marido, mas disse que havia "falta de comunicação aberta e verbal, uma atitude predominante de descaso" em sua família.

Uma mulher de 51 anos, com filhos crescidos com idades que variavam de 22 a 33 anos, experimentava forte estresse por causa do "temperamento e atitude geral de meu marido em relação a mim. Nada do que faço tem qualquer importância. Apenas o que ele faz é importante".

Sentir que são as únicas que se importam com as demandas do lar é, muito provavelmente, o maior estressor de todos para muitas mulheres. Uma mãe expressou isso como o "sentimento de que sou a única que faz alguma coisa em casa".

Teri, o assunto de nosso estudo de caso, também se identificava com esse item. Já falamos sobre a falta de envolvimento de Joe em casa e o fato de ele não colocar Teri no alto de sua lista de prioridades. Vou dizer novamente, para enfatizar:

Quando a esposa não está no alto da lista de prioridades de seu marido — e por "alto" eu quero dizer no topo —, isso tem toda chance de se tornar uma fonte de estresse para ela.

Quando se casam, as mulheres esperam ser amadas, queridas, respeitadas e adoradas. Quando isso não acontece, e o maridão passa a maior parte do tempo no trabalho, a esposa é ameaçada. Quando é ameaçada, ela se torna estressada, e, quando a ameaça continua, o estresse pode desgastá-la.

Tal como muitas esposas que tentam manter empregos ao mesmo tempo que criam famílias, Teri estava sobrecarregada e tinha excesso de obrigações, mas essa não era a verdadeira causa da implicância, da fadiga penetrante que a derrubava. A verdadeira causa de sua fadiga era o tremendo estresse que sentia porque Joe simplesmente não estava interessado em trabalhar com ela e ajudá-la.

Se houver uma falta fundamental de unidade entre você e seu marido, o estresse baterá mais forte, vindo de todas as direções. Creio que Teri também sentia estresse financeiro, muito embora ela e Joe tivessem dinheiro mais que suficiente para comprar o que consideravam importante.

"QUERER TUDO" É A RAIZ DE MUITO ESTRESSE

O quarto maior estressor, de acordo com minha pesquisa, é o dinheiro — os problemas financeiros. Embora Teri e Joe aparentemente tivessem essa questão resolvida — pelo menos no sentido de ter dinheiro suficiente para comprar o que achavam que queriam — ainda penso que eles tinham problemas financeiros. Para a maioria de nós, os problemas se concentram não naquilo de que precisamos, mas naquilo que queremos, e normalmente queremos coisas demais. Joe e Teri queriam tudo; não importava quanto conseguissem, nunca era suficiente.

"Sobrar mês no final do salário" foi uma fonte de estresse frequente que presenciei em minha pesquisa com esposas e mães. Criar filhos é caro, mas até mesmo esposas sem filhos reclamam, como fez uma mulher de 29 anos que sentia estresse "quando as contas se acumulavam e o salário não era grande o bastante".

Tudo tem um custo, e o estresse normalmente faz parte da etiqueta de preço. Uma mulher de 51 anos, cujos três filhos havia muito tinham crescido e saído de casa, relatou que seu pacote de estresse veio embrulhado numa nova nora e um cachorro que havia arrancado 40 dólares de flores recém-plantadas!

É difícil apontar uma única razão pela qual muitas famílias enfrentam dificuldade com dinheiro. Pode haver um problema real ou pode ser apenas uma luta contínua por se viver numa sociedade consumista que nos tenta a gastar e nos coloca diretamente no estresse, em mais estresse e, por fim, na falência.

Seja qual for a razão pela qual trabalham, as mulheres chegam em casa vindas de um trabalho e encontram outro esperando. Minha pesquisa revelou que o serviço de casa é a quinta pressão estressante sobre as mulheres porque muitas delas precisam exercer duas atividades: uma no escritório e outra na cozinha e na lavanderia.

ESTRESSE É PASSAR CAMISAS DEPOIS DAS 8 DA NOITE

O trabalho de casa era claramente um problema importante para Teri, muito embora ela tivesse condições de contratar alguém para limpar duas vezes por semana. Havia ainda as refeições a preparar quando chegava em casa do trabalho, a cozinha para limpar, roupas para lavar, roupas para passar para a aula do dia seguinte, e assim por diante.

Teri não recebia nenhuma ajuda de Joe, que saía todo dias para "fazer tudo isso por ela e pelas crianças" e, então, desabava na frente da televisão todas as noites. O resultado era que ela tinha a tendência de procrastinar. Ela não tinha organização ou rotina para realizar o trabalho de casa. De fato, a situação como um todo a estava atacando, e ela estava prestes a se render.

Muitas mulheres que entrevistei não estavam necessariamente prontas para se render em sua guerra com o trabalho de casa, mas elas certamente também não estavam ganhando a batalha. De todas as mulheres com as quais conversei, apenas *uma* disse que gostava das tarefas domésticas! Para algumas mulheres, outras pressões as deixam com pouca energia para combater a louça suja e as pilhas de roupas para lavar ou passar.

Uma esposa de 32 anos e sem filhos admitiu o estresse porque "primeiro, fico atolada de coisas para fazer no trabalho. Depois, preocupo-me em pagar as contas, muito embora essa seja uma responsabilidade do meu marido. Quando chego em casa, vinda do serviço, sinto-me tão atolada que não tenho vontade de fazer nenhum trabalho de casa".

Às vezes pensamos que o trabalho doméstico se torna um problema quando existe uma enorme lista de tarefas e responsabilidades. Mas uma mãe, com 30 anos e três filhos com idades entre 2 e 7 anos, encontrou uma enorme fonte de estresse em coisas simples como "leite derramado ou vaso sanitário entupido". O que pesava para outra mãe com um filho de 10 anos era "a chegada de visitas, especialmente pais e cunhados".

Em alguns momentos não é o trabalho doméstico em si que se torna um estressor; é o *tempo*. Uma mãe de 27 anos, com um filho de 1 ano e um marido que fazia muitas horas extras, admitiu que "5 horas da tarde é um momento muito estressante, em que meu filho miraculosamente sabe que é a ocasião de maior demanda e chora e agarra minhas pernas enquanto preparo o jantar. Estou tão cansada que quero ir para a cama quando meu filho se deita: às 8 da noite!".

O que dizer de mulheres que não trabalham fora de casa? Para muitas mães que ficam em casa, existem problemas de estresse em "simplesmente ser dona de casa". Uma mãe de 27 anos, com filhos com 1 e 3 anos, disse que, para ela, o estresse era "ver mães magras e de ótima aparência, com uma casa impecável, e não ter um 'trabalho de verdade'". Uma mãe de 30 anos, com um filho de 5 anos e um recém-nascido, expressou que se sente estressada, apontando como um dos motivos o fato de "as pessoas ao meu redor se esquecerem de que ser mãe é um trabalho valioso e também difícil; as pessoas acham que você tem de ser uma profissional de carreira".

O que a última mãe não percebeu é que ser mãe e dona de casa é uma carreira, algo que muitas mulheres precisam deixar de lado quando decidem ir para o mercado de trabalho. Uma das maiores iscas balançadas na frente das mulheres pelos defensores da ideia de "ter tudo" é uma "carreira real", o *glamour* e a rapidez do mundo do trabalho, ter quem faça aquilo que você manda e obedeça a todas as suas ordens, ter seu próprio cartão de crédito e "levar seu marido para jantar" como faz a mulher executiva do anúncio do cartão na TV. Mas há um preço a pagar por tudo isso, e o preço é alto.

NÃO ESPERE SAIR DE CASA SEM ESTRESSE

A sexta causa de estresse, disseram-me muitas mulheres, era "a carreira". Teri adorava seu trabalho como professora de pré-escola — e era boa no que fazia. Ela se orgulhava de lidar, com pouca ou nenhuma ajuda, com aquelas quinze crianças em idade pré-escolar. Tinha tanto orgulho das "habilidades profissionais" que usava na pré-escola que deixava de ver a terrível ironia das sessões de gritos que tinha com seus próprios filhos na hora do banho e de ir para a cama.

Teri não é a única mãe com quem conversei que se vê como que espremida quando tenta mesclar duas carreiras. Uma esposa de 23 anos, sem filhos, encontra enorme porção de estresse na "pressão do trabalho — no simples fato de ter de seguir adiante".

Uma mãe solteira de 29 anos, com um filho de 3 anos e outro de 6 meses, encontrou o estresse "num trabalho que exige roupas caras, mas paga salário baixo". Ela queria estudar para avançar na carreira, mas não conseguia porque trabalhava muitas horas "apenas para cobrir as despesas".

Outra mãe reclamou dos "prazos no trabalho e de clientes com os quais era extremamente difícil lidar".

Uma mãe de 38 anos, com um adolescente e um filho de 12 anos, achava seu trabalho estressante porque estava "num emprego que lida com pessoas, e o relacionamento e a análise constantes podem criar tensão".

Já que mães que trabalham fora são um fenômeno em crescimento (de acordo com as últimas estatísticas, 56% de todas as mães com filhos com menos de 18 anos estão trabalhando), vamos tratar delas com mais detalhes nos capítulos 9 e 10.

SENDO ASSIM, QUAL É A RESPOSTA PARA TODO ESSE ESTRESSE?

Neste momento, você provavelmente já viu exemplos suficientes dos "seis grandes estressores". Já se identificou com vários deles e gostaria de saber: "O que posso fazer em relação a tudo isso?".

E quanto a Teri? Qual foi a poção mágica que o dr. Leman prescreveu para essa mulher estressada, com carreira em meio período, que tinha um pseudomarido e um conceito falso do que é a vida familiar? De fato, a história de Teri e Joe tem um final feliz, pois eles fizeram algumas coisas básicas para impedir e eliminar muito do estresse presente na vida deles. No capítulo 5 terminaremos a história desse casal à medida que começarmos a revelar o "segredo" para manter o estresse sob controle.

CAPÍTULO 5

O simples "segredo" para reduzir o estresse

"Dê-me alguns comprimidos ou qualquer outra coisa, algum tipo de exercício para relaxar."

Terminamos o capítulo 4 com a cena de Teri, uma mãe estressada de 33 anos e três filhos, sentada em meu consultório e me perguntando: "Como posso sair do Pântano chamado 'minha vida'?".

Teri viera até mim porque sabia que estava presa. Não conseguira muita ajuda de Joe, seu marido desligado, que estava ocupado lá no escritório, subindo a escada da carreira corporativa que leva às estrelas. Joe simplesmente continuou dizendo: "Faço tudo isso por você e pelas crianças!".

Os três filhos de Teri não ajudaram em nada também. Eles reagiam como crianças normais de 8, 6 e 4 anos cuja mãe não está por perto durante tempo suficiente: choramingavam, faziam bico e desobedeciam. Tudo o que eles sabiam era que mamãe acabava gritando muito, especialmente quando eles não iam para a cama.

As quinze crianças em idade pré-escolar de que Teri cuidava em meio período poderiam se sentir mal se lhes dissessem "a professora não está bem", mas o máximo que poderiam ter feito seria enviar um cartão desejando pronto restabelecimento.

Em resumo, nenhuma das pessoas participantes da vida de Teri poderia ajudá-la a sair do Pântano. Elas *eram* o Pântano!

Teri sentou-se, olhou para mim com seus grandes olhos azuis embotados pela fadiga e disse:

— Então?

Era hora de o dr. Leman apresentar seu complicado diagnóstico.

— Temos um termo da psicologia para a sua condição, Teri. Chama-se confusão.

— Eu já *sei* que estou numa confusão — repreendeu-me ela. — Dê-me alguns comprimidos ou qualquer outra coisa, algum tipo de exercício para relaxar.

— Ah, sim, podemos fazer isso — disse eu — mas isso só vai tratar os sintomas. Você precisa chegar à causa, à raiz do problema, à razão pela qual você se dirige sempre para o fracasso.

Teri não gostou da palavra *fracasso*. Afinal de contas, ela e Joe tinham três filhos saudáveis, dois carros novos e uma casa adorável. Ela cuidava de quinze crianças com facilidade. Como isso poderia ser um fracasso?

— Sim, e você está deprimida, exausta e infeliz com seu marido e seus filhos. Seu estômago tem nós, sua cabeça lateja como um tambor, e você está estressada ao ponto de ruptura. Será que é isso que chamamos de *sucesso*?

— Bem, colocando as coisas dessa maneira, acho que você está certo.

— Você acha que estou certo? Se eu não estou certo, por que você está aqui conversando comigo? O que você precisa fazer é mudar algumas coisas, e quanto mais cedo melhor. A boa notícia é que a maioria das mudanças será bastante simples, e algumas até mesmo engraçadas.

Teri era toda ouvidos quando mencionei as palavras "simples" e "engraçadas". Uma das primeiras tarefas que dei a ela foi pensar nisto:

— Qual é a coisa mais importante na vida?

— Eu costumava pensar que era meu marido e meus filhos — disse ela — mas agora já não tenho mais certeza. Joe está muito ocupado com o trabalho; tudo o que ele parece querer de mim é o serviço de criada e algum sexo quando *ele* não está cansado demais. Quando estou perto das crianças, tudo o que elas fazem é brigar e me incomodar. Parece que todo mundo quer um pedaço de mim, e não tenho mais tempo para mim mesma.

— Então vamos começar exatamente daí, dando uma olhada nessa sua agenda toda-poderosa e garantindo que você faça algo para si mesma durante a semana.

TERI COMEÇA A SAIR DE SEU PÂNTANO

E assim Teri deu início à saída do seu Pântano. O "algo para si mesma" que encontrou foram aulas de ginástica aeróbica, que ela sempre pensara ser divertido, mas nunca tivera tempo de fazer. Agora, Teri *criou* tempo e matriculou-se no programa de aeróbica da YWCA[1] para fazer aulas três noites por semana. Por incrível que pareça, ela se sentiu mais forte e mais cheia de energia do que antes.

Em seguida atacamos seu papel de coprovedora. O trabalho de meio período consumia uma grande parte de sua semana. Aquelas quinze crianças demandavam uma enorme parcela de sua energia.

Teri adorava seu trabalho, de modo que não foi fácil convencê-la a analisar a situação de maneira objetiva. Quando o fez, ela admitiu: "Começo a perceber que estou tomando conta dos filhos de outras pessoas e vendo-os crescer, mas estou perdendo isso em relação aos meus próprios filhos".

A questão não era que Teri fosse uma mãe negligente — de maneira alguma. Ela de fato tentava segurar as pontas de forma bastante engenhosa. Vejamos um exemplo. Tami, sua filha de 8 anos, participou de uma peça no colégio, mas, é claro, Teri não pôde comparecer porque a apresentação aconteceu às 13 horas, e ela estava ocupada com sua classe na pré-escola. Teri sentiu-se bastante orgulhosa por ter pedido a outra mãe que filmasse a peça para que ela pudesse ver a atuação de Tami mais tarde, em casa.

"Muito bom", eu disse a Teri em nossa sessão semanal. "Você resolveu o problema de não conseguir ver a apresentação da sua filha, mas não resolveu o problema de ter uma filha de 8 anos que olha para a plateia e não vê sua mãe ali para aplaudir".

(É claro que teria sido muito apropriado discutir de que maneira papai poderia ter estado lá também — até mesmo gerentes de vendas conseguem tirar uma tarde de folga — mas, nesse ponto, estávamos trabalhando no Pântano de Teri. O de Joe viria depois.)

O Caso da Peça Filmada levou à próxima grande decisão de Teri. Ela estava percebendo que não podia mudar seu marido, não podia mudar seus filhos, mas podia mudar sua própria agenda. No início, Joe ficou chocado com a decisão de Teri de parar de lecionar na pré-escola no final do semestre, o que aconteceria apenas algumas semanas adiante. Ao mesmo tempo, Teri sentiu que ele ficara bastante feliz. Joe estava se tornando, também ele, um pouco mais estressado e conseguia enxergar que a atitude de "ter tudo" cobrava seu preço de todos — especialmente do bem-estar físico e emocional de Teri.

"EU POSSO SAIR — EU ESTOU SAINDO!"

Assim, progredíamos quanto a sair do Pântano, mas havia alguns crocodilos ocasionais com os quais era preciso lutar. Por várias sessões ajudei Teri a passar por aquilo que chamo de "afastamento do estilo de vida". Teri era uma agradadora por natureza, e, para ela, a ideia de colocar a si mesma em primeiro lugar era difícil de engolir.

"Você fez algumas escolhas difíceis", expliquei, "e deve se sentir bem em relação a elas. Você merece um 'tempo de relaxamento' no qual não esteja correndo para cumprir a agenda."

Teri teve dificuldades no início, mas tudo foi se encaixando lentamente. Fazer aulas de aeróbica e deixar de lidar com quinze crianças pequenas resultou numa Teri mais relaxada e menos fatigada. Ela ainda tinha problemas com seus próprios filhos, mas agora estava presente para trabalhar com eles em tempo integral.

Nos meses seguintes, Teri tornou-se muito mais à vontade consigo mesma e com seus filhos. O Pântano já não era tão profundo, e ela começava a pensar: "Eu posso sair — eu *estou* saindo!".

A família sentiu falta do salário que ela recebia, é claro, mas não tanto quanto Teri temia. Ela conseguiu entender por que a vida era mais alegre para Joe e para ela nos primeiros anos do casamento, quando eles enfrentaram dificuldades financeiras, mas tinham mais tempo juntos.

Pouco a pouco, quebramos a dura concha que Teri havia construído em torno de si mesma. Debaixo dela encontramos uma Teri mais suave e realmente desejosa de envolver-se mais, e de maneira positiva, na vida de seus filhos e de seu marido.

JOE SE UNE A TERI NO ACONSELHAMENTO

Nesse ponto, sugeri que Joe se unisse a Teri no aconselhamento. Ele hesitou no início, mas depois decidiu participar. (Talvez o exemplo de sua esposa o tenha ajudado a ver que ele poderia perder algumas horas de trabalho!)

Um dos primeiros exercícios que pedi que ambos fizessem foi elaborar uma lista com as três ou quatro coisas mais importantes na vida. Eu disse a Teri que seria engraçado escrever o que ela dissera na primeira vez em que falou comigo e, depois, fazer uma segunda lista para ver se alguma coisa havia mudado.

Os dois ficaram bastante ocupados com papel e caneta. Cerca de cinco minutos depois, pedi que cada um lesse sua lista em voz alta para o outro enquanto eu ouvia.

A lista de Joe não me surpreendeu. Ele escreveu: "Primeiro, família; segundo, trabalho; terceiro, segurança financeira; quarto, recreação (correr)".

As duas listas de Teri foram reveladoras. Quando veio para sua primeira consulta, ela acreditava que sua lista deveria ser: "Primeiro, filhos; segundo, marido; terceiro, trabalho; quarto, igreja". Agora, ela acreditava que sua lista deveria ser assim: "Primeiro, filhos; segundo, eu; terceiro, igreja; quarto, marido".

Joe ficou um pouco surpreso por ter aparecido em quarto lugar na segunda lista de Teri, o que representava como ela se sentia em relação a ele naquele momento. Mais tarde, conversei sozinho com Joe enquanto Teri esperava do lado de fora. Expliquei que Teri o colocara em quarto lugar porque eu havia trabalhado com ela para que reservasse um pouco de tempo para si mesma.

— Será que essa é realmente uma boa ideia? — perguntou ele. — Eu coloquei a família em primeiro lugar, e Teri deveria ter feito o mesmo.

— Bem, Joe, de fato esse é o seu problema. Você tem dito a Teri que trabalha muitas horas e chega em casa cansado como um cão porque está fazendo tudo isso por ela e pelas crianças, mas é algo que soa um pouco vazio se você não passa muito tempo (quando passa) com as crianças e nunca ajuda Teri com a casa e os preparativos para o dia seguinte, quando vocês dois precisarão sair e fazer tudo de novo.

Joe olhou para o tapete.

— Acho que não me envolvo muito. É que fico muito cansado por investir de dez a catorze horas por dia para subir o mais rápido possível.

— Entendo. Há noites em que saio daqui para casa do mesmo jeito. Mas, com base na conversa com muitos clientes, descobri que homens e mulheres usam diferentes linguagens do amor. Para muitos de nós, homens, a maneira de dizer "eu te amo" é sair no estilo do homem das cavernas, por assim dizer, e "trazer o pão de cada dia"! Depois contamos a nós mesmos (e à nossa esposa) a grande mentira que está apoiada em crenças falhas: "Estou fazendo isso por você e pelas crianças!".

— Mas eu estou! — protestou Joe.

— Talvez você ache que está, mas a verdade é que nós, homens, gostamos de fazer as nossas coisas e construir uma carreira e deixar a esposa tomar conta de todo o resto. Como eu disse, é um instinto do homem das cavernas, e acontece há muito tempo.

— Construir uma carreira é importante para mim; isso é errado?

— Não, não é errado, mas a pergunta é: "Qual a importância que isso deve ter?". Penso que você precisa encarar a realidade e admitir que a coisa mais importante na sua vida é o seu trabalho; pelo menos é isso que Teri pensa.

Na primeira vez em que ela veio me ver, pedi que me dissesse quais eram, na opinião dela, as suas prioridades, Joe. A lista que ela elaborou tinha o trabalho em primeiro lugar, a segurança financeira em segundo, as crianças em terceiro e seus pais em quarto. Ela achava que vinha em algum lugar depois disso tudo.

A primeira reação de Joe foi de choque, depois de raiva e atitude defensiva. Teri não estava no topo da lista dele quando ele falou "família"?

— Não necessariamente. Vejo muitos homens elaborando uma lista assim, mas posso dizer que é uma fuga. Para que haja um casamento forte, sua esposa deve vir antes de seus filhos. Você realmente precisa pensar no dia em que seus filhos crescerão e sairão de casa. Sobre o que você e Teri conversarão? Se Teri sente que não está perto do topo de sua lista agora, como será mais tarde?

TERI TEVE DE DAR O SEGUNDO PASSO

Joe me agradeceu e saiu. Agora era a vez de Teri. Conversamos sobre suas duas listas daquilo que era importante — aquela que ela fizera para representar seus sentimentos na primeira vez em que me viu e a outra, que representava seus sentimentos agora.

— Estou feliz por ver que reservar tempo para si mesma é o segundo item em sua lista, mas estou preocupado com o fato de Joe estar na quarta posição.

— Bem, por que não? Também não estou em lugar muito alto na lista dele.

— Sendo assim, quais serão os próximos passos a partir daqui? Você não está numa posição elevada na lista dele, e ele não está no topo da sua lista. Como podemos mudar isso? Você *quer* mudar isso, não é?

Teri hesitou.

— Acho que sim. Tenho me sentido melhor em relação a mim mesma desde que comecei a me aconselhar com você, mas Joe não mudou tanto assim. Ele ainda trabalha várias horas e não está muito envolvido comigo e com as crianças.

— Creio que é agora que você deve dar o segundo passo. O que toda mulher quer saber é: "Meu marido me ama?". Você queria acreditar quando Joe disse que estava fazendo tudo aquilo por você e pelas crianças. Você imaginou que o fato de trabalhar todas aquelas horas mostrava quanto ele a amava. Mas, quando ficou excessivamente estressada, você teve de buscar aconselhamento. Você teve uma chance de ver as coisas de maneira diferente. De fato, você obteve permissão, por assim dizer, de pedir um casamento de verdade, ou seja, ter um marido envolvido com você e com seus filhos, não apenas um bom provedor que raramente está presente.

— Bem, suponho que isso esteja correto. Mas como daremos o segundo passo?

— Para vocês, dar o segundo passo significa serem mais assertivos em seu casamento e desempenharem um papel mais ativo.

— Um papel mais ativo? — interrompeu Teri. — Sou a única ativa ali. Eu faço o trabalho enquanto Joe se deita após o jantar e reclama de quão difíceis os dias têm sido.

— Não estou falando sobre *esse* tipo de atividade. Você reclama porque Joe não se interessa muito por você ou pelos filhos. Quando falo sobre ser mais ativa, quero dizer *fisicamente ativa*. Estou falando sobre mostrar mais interesse sexual por Joe.

— Você está sugerindo que eu o suborne com sexo?

— Não o suborne; quero que você *o atraia*. É fácil desprezar Joe por considerá-lo um bobo e um chato, mas isso não vai mudá-lo. Você está esperando que Joe mude e, de uma hora para outra, se torne o marido e o líder que ele deve ser. Isso não vai acontecer. Mas você pode mudar a si mesma. Pode começar a tratar Joe de maneira mais agradável, ser compreensiva com ele em relação à pressão que ele sofre. Ele *está* debaixo de pressão e tentando ser o melhor marido que pode.

— Isso me dá a impressão de que sou a única que está cedendo.

— Alguém precisa fazer o primeiro movimento. Talvez seja isso o que Jesus quis dizer quando falou sobre dar a outra face e fazer pelos outros o que você quer que façam por você. E creio que ele até mesmo lavou alguns pés para dar exemplo daquilo que estava falando.

Sempre que dou a mulheres como Teri o conselho "Dê a outra face e lave os pés dele", percebo que soa chauvinista, até mesmo injusto. Admito que isso seja possível. Mas também sei que funciona, e que as mulheres são muito mais capazes de fazer isso do que os homens. Creio que as mulheres estão mais próximas da vida e de suas emoções — e elas podem ser grandes professoras para seu marido!

TERI E JOE COMEÇAM DE NOVO

Teri decidiu tentar minha sugestão. Para começar, ela fez o que sugiro a muitas mulheres: sequestre seu marido e leve-o para longe. Exatamente na semana seguinte, Teri preparou uma cesta de piquenique, pegou Joe no trabalho, e foram até um vale agradável numa região montanhosa, onde estenderam uma colcha ao lado de um riacho e fizeram uma refeição juntos.

Naquele ambiente pacífico e quieto, Teri encontrou coragem suficiente para dizer a Joe exatamente como se sentia. Ela derramou seu coração e disse quão infeliz se sentia em relação a si mesma, ao seu relacionamento e aos problemas com os filhos. Ela admitiu que não acreditava mais ser uma prioridade na vida dele e o que ela queria mais do que qualquer coisa era sentir-se necessária e valorizada por seu marido. Parecia a ela que as demais coisas eram mais importantes para ele. Ela implorou que ele se juntasse a ela para que se concentrassem nas coisas verdadeiramente importantes.

Joe ficou totalmente perplexo, de muitas maneiras. Ele ficou tocado com a preocupação de Teri e pediu que ela o perdoasse pelo modo como ele estava agindo. Aquele foi o começo de uma vida completamente nova para os dois.

Nas semanas e nos meses seguintes, mudanças positivas começaram a acontecer no relacionamento de Teri e Joe. Ele começou a fazer Teri se sentir mais amada e valorizada. Ele até mesmo começou a ajudar um pouco depois do jantar, em vez de simplesmente se atirar no sofá e acordar às 11 da noite piscando de maneira provocativa para ela.

Enquanto isso, Teri continuou reservando um tempo apenas para si com as aulas de aeróbica e outras atividades. Ela também continuou trabalhando com seus filhos.

Uma das coisas que ajudei Teri a inserir na rotina familiar com os filhos foi aquilo que chamo de Disciplina da Realidade. Ela tornou-se proficiente em responsabilizar seus filhos por seus atos, de modo que não precisava ficar o tempo todo em cima deles, repreendendo, importunando e lembrando que deveriam fazer suas tarefas, chegar em casa na hora certa e assim por diante.

Quando, por exemplo, um dos filhos não fazia uma tarefa, ela simplesmente contratava alguém para fazer o trabalho e descontava o pagamento da mesada daquela criança. Isso chamou a atenção deles rapidamente! Teri me disse que ficou maravilhada quando começou a ver que não precisava fazer tudo por todos — havia uma maneira simples e saudável de ela se colocar em posição de autoridade sem ter de se sentir responsável pelas ações e atitudes dos demais.

Houve outra ideia que ajudou a levar Teri e Joe a uma nova união um com o outro. Durante os primeiros três anos de seu casamento, eles cultuavam a Deus juntos, mas, quando nasceu seu primeiro filho, as coisas ficaram mais agitadas e, de alguma forma, eles se afastaram da igreja. Como Teri disse, "Deus parecia ter saído pela janela de nossa vida".

Expliquei a Joe e Teri que era bastante comum discutir problemas físicos e emocionais, mas não podemos nos esquecer de que somos seres tridimensionais. Além do físico e do emocional, nossa vida tem um lado espiritual. Sugeri que firmassem juntos o compromisso de tentar encontrar um lugar de adoração onde pudessem se sentir à vontade e, então, frequentá-lo fielmente em família.

"Uma das coisas mais saudáveis que vocês podem fazer como família é adorar juntos. Não conheço melhor maneira de começar a comunicar aos seus filhos aquilo que você considera ser realmente importante na vida."

Joe protestou um pouco e murmurou algo sobre "os hipócritas da igreja". Respondi admitindo que *havia* hipócritas na igreja e que eu não conseguia pensar num lugar melhor para eles estarem — eles podiam até mesmo aprender alguma coisa. Seja como for, será que poderiam fazer um teste?

Aquela conversa tocou Teri e Joe. De fato, o momento foi perfeito porque Tami, a pequena filha de 8 anos, estava começando a querer se parecer totalmente com uma moça de 16 anos, com batom e grandes brincos! Teri e Joe passaram a experimentar o que todos os pais enfrentam mais cedo ou mais tarde. Seus filhos estavam começando a ser influenciados pelo mundo exterior, particularmente a mídia. Aqueles pais se davam conta de que, se não se envolvessem com a vida de seus filhos e não começassem a estabelecer exemplos para eles, as coisas escapariam de suas mãos muito rapidamente.

Hoje há muita discussão sobre o ensino de valores, ou aquilo que alguns chamam de "clarificação de valores". Creio que muito disso é absurdo. Na verdade, você não ensina valores para os filhos; os filhos absorvem valores à medida que olham para papai e mamãe agindo um para com o outro e conforme veem que isso é realmente importante para os pais.

TERI E JOE APRENDERAM O "SEGREDO"

A história de Teri e Joe tem um final feliz. Gostaria que todos os finais das histórias que ouço em meu consultório fossem assim. Joe e Teri dedicaram-se novamente um ao outro, aos seus filhos e a Deus.

Joe deu longos passos até aprender que sua primeira responsabilidade é sua esposa, depois seus filhos e, só então, seu trabalho, a segurança financeira e o lazer. E Teri soube que ele falava sério no dia em que chegou em casa para lhe dizer que havia limpado a agenda e que ficaria com as crianças aquela tarde inteira para que ela pudesse sair e fazer o que quisesse.

Quanto a Teri, ela assumiu o controle de seu estresse. O mais correto é dizer que ela aprendeu a *prevenir muito de seu estresse*, e o fez ao descobrir um segredo básico. Por toda a história de Teri e Joe referi-me várias vezes ao simples segredo de evitar o estresse. Esse segredo se chama *prioridades*. Se você conseguir colocar suas prioridades em ordem, terá a ferramenta fundamental de que precisa para controlar as pressões e tensões em sua vida e impedir que o estresse se torne devastador e debilitante. Quando compartilho meu pequeno segredo com as pessoas, costumo ouvi-las dizer: "Isso é *tudo*? Disso todo mundo sabe!".

Entendo esse tipo de resposta. Realmente parece muito simplista dizer "tão somente coloque suas prioridades na ordem correta e você lidará muito melhor com o estresse". Mas, como tenho visto nos aconselhamentos em meu consultório, as pessoas podem pensar que sabem esse pequeno segredo, mas não o praticam muito bem. De fato, posso dizer que a imensa maioria das famílias nos Estados Unidos opera sem uma boa compreensão sobre como ordenar suas prioridades de maneira correta. E é por isso que vivem num estado constante de estresse — o Pântano da Vida, como o chamo.

A melhor maneira que conheço de sair do Pântano e permanecer fora dele é usar sua calculadora de prioridades — seu sistema — para avaliar como você está vivendo. O que é *realmente* importante? Isso orienta sua vida?

A calculadora de prioridades é um bom apetrecho para levar junto da cabeça. Quando as pessoas a atingirem com pedidos para trabalhar nessa ou naquela comissão, tire sua calculadora de prioridades e diga: "Bem, preciso pensar sobre isso. Vou conversar com meu marido e meus filhos e depois falo com você".

E, quando o chefe se aproximar de você com uma "grande oportunidade" para trabalhar por mais horas ou assumir um cargo que signifique mais tempo longe de sua família e muito mais responsabilidades do que você sabe que pode assumir, tire a sua calculadora de prioridades e reveja todas elas. É maravilhoso ver o que essa pequena ferramenta pode fazer para ajudar você a controlar o estresse em sua vida.

Admito que não é fácil. Na realidade, a coisa mais fácil a fazer é deixar a calculadora de prioridades numa gaveta mental e esquecer-se de usá-la. Acontece que a vida é muito cheia de situações excitantes, tentadoras e difíceis, particularmente quando você a compartilha com várias outras pessoas chamadas de "família". Já destacamos que os filhos são os estressor número um para muitas mães. Agora, precisamos olhar mais detalhadamente para a razão de tal argumento ser verdadeiro e o que fazer em relação a isso.

CAPÍTULO 6

Quais crianças causam mais estresse?

"Diga-me, dr. Leman, há algum problema no fato de meu filho de 12 anos ler a Playboy*?"*

Encontro três tipos de crianças no meu trabalho como terapeuta e conselheiro: as loucas por atenção, as poderosas e as vingativas.

Todas as crianças começam como loucas por atenção, um traço perfeitamente normal e natural para qualquer uma delas. Quando uma criança obtém atenção por motivos positivos — ser obediente, tirar boas notas e assim por diante —, os pais não têm problemas e não há estresse com o qual se preocupar. Mas, quando uma criança obtém atenção por motivos negativos, então pode haver estresse.

Digo às mães que é possível reconhecer a diferença entre uma criança louca por atenção (negativa) e uma criança poderosa verificando as emoções que elas, mães, sentem e expressam em relação ao comportamento da criança.

Se você se sente perturbada e diz coisas como "Buford, pare com isso! Você está me deixando louca", está lidando com uma criança louca por atenção e que normalmente interrompe a farsa quando você pede que ela assim o faça — pelo menos temporariamente.

Se você se sente pressionada e desafiada e diz coisas como "O que você disse? Sou eu quem manda aqui", então está lidando com uma criança poderosa. Você sente que precisa mostrar quem é o chefe!

A maior parte do meu trabalho é realizada com mães cujos filhos são loucos por atenção ou poderosos. Ocasionalmente, porém, vejo pais que se sentem feridos e dizem "Como ele pôde fazer isso comigo?". Quando uma mãe tem um filho que constantemente cria esse tipo de emoção, ela está lidando com o que eu chamo de "criança vingativa".

A criança vingativa quer mais do que obter atenção ou poder. Ela quer vingança. Ela deseja ferir as pessoas em retribuição por aquilo que acredita que lhe fizeram. Já vi esse tipo de pirralho entrar numa sala e juntar-se a um grupo de colegas e, depois de minutos, deixar todo mundo irritado, chateado e contra ele.

As crianças vingativas normalmente não se mostram antes dos anos da adolescência. Muito raramente encontrarei uma criança com 8 ou 9 anos que pudesse ser classificada como vingativa, mas normalmente a maior probabilidade é que elas estejam no ensino médio ou além. Nossas instituições correcionais estão repletas de crianças vingativas. Podem ser adultas em termos cronológicos, mas em termos emocionais ainda são crianças. Querem "se vingar" de alguém porque acreditam que a vida lhes deu um chute no meio do rosto e, por isso, pretendem devolver o favor!

Analisemos esses três tipos de crianças para ver como o ato de lidar com elas pode causar estresse. Vejamos também como impedi-lo.

O PEQUENO BRADFORD NÃO DAVA PAZ À SUA MÃE

Suzanne, uma atraente mãe de 29 anos, veio até mim trazendo seu filho de 4 anos, chamado Bradford. O pequeno Bradford era um colírio para os olhos: cores combinando dos pés à cabeça, com sapatos bicolores novos e o rosto mais limpo que já vi numa criança daquela idade em toda a minha vida.

Quando Suzanne e Bradford entraram em meu consultório, levei uns vinte segundos para adivinhar qual era o problema. Suzanne sentou-se no sofá, e o pequenino de 4 anos logo foi se aninhando no colo da mãe. Se Bradford ficasse mais próximo de Suzanne, sairia pelas costas dela! Os olhos do menino não se afastaram dos meus, e ele olhava para mim como se eu fosse "o inimigo".

Se minhas impressões iniciais estivessem corretas, seria uma criança pegajosa e chorona que queria a posse única de sua mãe e toda a atenção dela. Decidi testar minhas observações e, num momento apropriado de nossa conversa, perguntei se o pequeno Bradford gostaria de ir até a recepção, olhar alguns livros infantis e mexer na máquina de chicletes.

O garotinho se encolheu ainda mais, indicando que não sairia dali. Suzanne tentava ser educada e cortês para mostrar-me quão suave e amorosa ela poderia ser com seu pequeno louco por atenção. Mas não havia jeito de fazê-lo sair do lado dela. Finalmente, ela conseguiu que ele se levantasse e tentou movê-lo na direção da porta. Bradford afundou os calcanhares no tapete e pode-se dizer que deixou marcas enquanto ela o empurrava.

Finalmente conseguimos deixá-lo na recepção e então pude passar alguns momentos a sós com Suzanne. Obviamente ela estava bem nervosa por deixar Bradford sozinho lá fora, e tivemos de abreviar nossa conversa. Ela disse algo incontestável: "Sabe, eu não tenho paz. Não tenho tempo para mim mesma".

Comentei que podia entender aquilo e, então, disse o porquê. Bradford estava no que chamo de estágios finais do louco por atenção, e rapidamente se tornaria poderoso. Ele parecia ser um pequeno rapaz tímido e até digno de pena, mas expliquei a Suzanne que seu filho a estava controlando. Ele sentia que só era importante quando estivesse no centro das atenções — particularmente da atenção dela. Os loucos por atenção como Bradford precisam ter tanto mamãe quanto papai envolvidos com eles o tempo todo.

Foram necessárias várias sessões para ajudar Suzanne a ver que ela precisava estabelecer alguns limites para o garoto. Ali estava uma criança que tinha de aprender que, quando a porta de mamãe ou papai estiver fechada, é preciso bater antes de entrar. Bradford tinha de aprender que não poderia agarrar as pernas da mamãe o tempo todo porque ela não se sentia bem com isso. Além disso, ela precisaria pegá-lo e levá-lo para o quarto para um período de "tempo" no qual ele se sentaria numa cadeira ou na cama até que lhe fosse permitido voltar e comportar-se adequadamente. Suzanne precisava ensinar a Bradford que mamãe precisava de algum espaço; ela não poderia carregar uma bola de aço presa por uma corrente à sua perna aonde quer que fosse.

Suzanne aprendeu rápido e, felizmente, Bradford também. Talvez uma motivação forte tenha sido o fato de Suzanne estar grávida de sete meses e ter percebido que, em apenas pouco tempo, passaria pelo enorme estresse de trazer outro filho ao mundo e ter de cuidar de um recém-nascido. De fato, a visita de Suzanne ocorreu no momento perfeito. Mesmo antes de trazer Bradford para aquele primeiro encontro, ela já fizera a escolha de não ser uma escrava de seu filho de 4 anos. Ela sabia que as coisas teriam de mudar.

Bradford não cedeu sem lutar. Mas, à medida que mamãe estabelecia algumas diretrizes e as seguia, ele finalmente cedeu. À época em que o bebê nasceu, o comportamento de Bradford já dera uma guinada de 180 graus. A chave para o sucesso de Suzanne foi que ela parou de servir de plateia para Bradford. Veremos o mesmo princípio em funcionamento quando falarmos sobre a criança poderosa. A solução para lidar com o louco por atenção é dizer-lhe sem meias palavras: "É muito bom ter você por perto e realmente gosto quando estamos juntos e conversamos. Mas o que eu não posso aceitar é essa coisa de ficar choramingando, insistindo para ser pego no colo. É nessas horas que você precisa ir para o seu quarto para que mamãe possa ter algum tempo para si mesma".

Perceba, por favor, o princípio básico que pedi para Suzanne usar. Para evitar estresse com o pequeno Bradford, ela precisava voltar ao Passo Um, chamado de "PRIORIDADES". Sua maior prioridade não poderia ser o pequeno Bradford; Suzanne não deveria deixar que ele controlasse sua vida e literalmente se pendurasse em sua perna ou se aninhasse no seu colo por onde quer que ela fosse. Ela teve de perceber que, para o bem dela e dele, o garoto precisava ser capaz de agir de forma independente, e ela precisava de algum tempo para si mesma.

WENDY ESTAVA CONTROLANDO A VIDA DE SEU IRMÃO MENOR

Você consegue perceber os loucos por atenção logo no início. Uma das minhas clientes era Wendy, 4 anos de idade, uma das crianças mais lindas que já vi. Wendy tinha um irmão menor, Andy, de 3 anos. Todo lugar aonde o pequeno Andy ia, a irmã se certificava de ir junto, com o braço ao redor dele, dirigindo seus passos pela vida. Ela pegava tudo para ele, falava por ele. Quando eu tentava fazer uma pergunta para Andy, Wendy a respondia.

A menina era um exemplo clássico de uma típica pequena primogênita que começava a se tornar controladora e uma verdadeira vigia. Superficialmente, Wendy parecia uma irmã mais velha consciente e cuidadosa, mas não levei muito tempo para perceber um problema se desenvolvendo ali. Ela estava literalmente controlando a vida do irmão, e os pais não haviam percebido isso.

A razão de eu atender a Wendy e Andy foi que seus pais haviam me procurado pedindo ajuda para resolver seus problemas de comunicação no casamento. Depois de ter acertado aquelas coisas, eles decidiram que gostariam que eu desse uma olhada em seus filhos, particularmente no pequeno Andy, de 3 anos, que ainda não havia largado as fraldas e era bastante lento de modo geral — por exemplo, em relação à fala.

Não era surpresa que Andy estivesse atrasado na fala. Sua irmã mais velha falava o tempo todo por ele! Ajudei a mãe e o pai de Wendy a perceber que eles precisavam dar a Andy algum espaço para respirar. Wendy estava prestes a causar-lhe um dano psicológico por não permitir que ele fizesse nada sozinho.

Assim, desenvolvemos momentos particulares para cada filho: Mamãe ficava com Wendy e papai acompanhava Andy em ocasiões especiais como café da manhã, almoço, passeio ao zoológico e assim por diante.

Também estabelecemos um plano de ação para os momentos em que a família inteira estivesse junta. Mamãe e papai aprenderam a corrigir Wendy com amor e dizer-lhe que se afastasse para dar a seu irmão a chance de escolher, ir primeiro e, de modo geral, falar e fazer coisas por si mesmo.

O novo arranjo não apenas ajudou Andy, mas também reduziu grandemente o estresse de mamãe e papai. A pequena Wendy estava, de fato, controlando mamãe e papai, assim como Andy! Os pais perceberam que havia algo errado, mas não conseguiam tratar a questão.

"Seu problema é que vocês colocaram ambos os filhos no meio do palco", expliquei. "Tudo gira em torno de Andy e Wendy, e vocês não têm tempo para fazer coisas apenas para vocês mesmos. Numa família, os filhos devem ser o número dois, não o número um. Seu casamento deve vir em primeiro lugar."

Mamãe e papai entenderam. Eles perceberam que sua atitude de "filhos em primeiro lugar" os deixara sujeitos a todos os jogos de poder de sua pequena controladora, Wendy, e às travessuras do pequeno Andy, que, sendo "lento", obtinha sua parcela de atenção. Eles conseguiram uma babá e criaram o hábito de sair sozinhos pelo menos uma noite por semana, algo de que gostavam muito, uma vez que perceberam que Wendy e Andy ficavam muito bem sem eles por algumas horas.

Deixe-me repetir: todos os filhos são naturalmente loucos por atenção. Os que podem desenvolver problemas são os pequenos Bradfords, que adoram ficar no colo de sua mãe e não largam dela de jeito nenhum; as pequenas Wendys, que querem controlar e ser mandonas; os pequenos Andys, que são facilmente conduzidos e precisam "se levantar com os próprios pés" para enfrentar o mundo e tomar suas próprias decisões.

Existe uma linha tênue entre a criança louca por atenção e a criança poderosa. Já mencionei como é possível saber em que ponto a linha foi cruzada. Em vez de simplesmente se irritar com o comportamento negativo que chama atenção, agora você é provocada. Você está começando a murmurar coisas como: "Quem esse menino pensa que é? Só há uma pessoa que pode mandar nesta casa, e não é ele!".

A PEQUENA MISSY PRATICAVA ATAQUES DE PODER

Quando os pais da pequena Missy a trouxeram ao meu consultório, eles a descreveram como "bastante sensível". De fato, durante os quatro anos de toda a sua vida ela fora tão sensível que mamãe e papai nunca conseguiram deixá-la sozinha.

— Vocês querem dizer que não conseguem deixá-la com uma babá quando saem à noite?

— Não, quero dizer que, quando minha esposa quer sair para ir a uma loja e eu ainda estou em casa, Missy fica histérica se quiser ir com sua mãe e não puder.

— O que Missy faz quando mamãe não a deixa ir à loja e ela fica em casa com você? — perguntei. Eu já estava quase certo de que tínhamos uma criança poderosa em mãos, mas queria ouvir do próprio pai.

— Bem, acho que se pode chamar de ataque de nervos. Primeiro ela choraminga, depois grita e, por fim, morde e chuta.

— Chamo esse tipo de comportamento de "ataque de poder" — disse eu. — O que você faz quando ela age assim?

Nesse ponto, a mãe de Missy interrompeu para explicar.

— Tentávamos convencê-la com conversa, mas agora temos de bater nela enquanto ela rola no chão de um lado para o outro. Ou então gritamos com ela para tentar fazer que se comporte.

— E a razão de vocês terem trazido Missy são os ataques de nervos?

— Bem, não exatamente — disse o pai de Missy. — O que realmente nos incomoda é que, nos últimos tempos, ela começou a mentir muito — seu comportamento anda tão ruim que nos leva a questionar o que de fato está acontecendo com ela.

Nesse ponto, falei francamente com mamãe e papai e disse-lhes que tinham uma criança poderosa nas mãos. Eles a ajudaram a se tornar poderosa e, agora, precisariam aprender a eliminar um pouco de seu poder. Uma coisa que observei é que crianças poderosas respeitam adultos poderosos. O problema era que o pai e a mãe de Missy não estavam reagindo aos seus ataques de nervos de maneira realmente poderosa. Eles desciam ao nível dela, por assim dizer, e reagiam tendo seu próprio ataque. Sugeri que, da próxima vez que Missy tivesse um ataque em casa, a melhor abordagem seria simplesmente passar por cima da criança e deixá-la ali, chorando e chutando o chão.

Mamãe não estava certa de que conseguiria fazer isso, mas papai estava disposto a fazer uma tentativa. Um ou dois dias depois, surgiu uma oportunidade. A menina teve um ataque bem no meio do corredor porque mamãe estava saindo para ir a uma loja e Missy não poderia ir junto. Mamãe passou por cima da filha e a deixou ali no corredor, gritando e protestando. Papai, que também fora instruído sobre o que fazer nessa situação, saiu calmamente de sua cadeira e disse a Missy que ia ao jardim cuidar de algumas plantas.

Desse modo, lá estava Missy, deitada no corredor, chorando até não poder mais, gritando a plenos pulmões, enquanto a mãe saía pela porta da frente e o pai ia para os fundos da casa. Missy terminou seguindo o pai até o quintal e tentou envolvê-lo em sua petição, com apelos e choramingos. Papai, porém, de maneira educada, mas firme, simplesmente continuou a podar algumas petúnias.

Por quanto tempo você acha que os pais de Missy tiveram de seguir essa linha de ação para obter resultados? Missy parou de ter seus ataques de nervos quase imediatamente. Por quê? Porque ela não tinha mais audiência. Não havia mais resultado. Até onde me lembro, foram necessários apenas dois incidentes para interromper uma forma básica de comportamento que Missy usava quase desde o berço com seus pais. Até mesmo crianças pequenas têm um sexto sentido sobre como controlar os pais, e Missy usara-o com perfeição por quase toda a sua vida.

Missy havia se tornado tremendamente poderosa e estava acostumada a ver papai sentar-se com ela durante os ataques de nervos quando mamãe estava saindo. A menina acostumara-se a ouvi-lo dizer "Pronto, querida, fique calma. Sua mãe já vai voltar e talvez traga alguma coisa para você lá da loja". Quando papai saía, o comportamento era o mesmo em relação à mãe.

Naturalmente, toda essa tentativa de acalmar a pequena Missy não resolvia nada. O fato de um dos pais trazer-lhe alguma coisa pequena da loja simplesmente encorajava a filha e a recompensava por seus ataques de nervos. Quando a frustração levou os pais de Missy a bater nela e a gritar para que ficasse quieta, isso também não surtiu nenhum efeito.

O que realmente produziu resultados foi recusar-se a participar do jogo de poder de Missy. Os adultos começaram a agir como adultos e passaram a enxergar a filha exatamente como ela era: uma criança de 4 anos que gostava de se comportar mal para obter o que queria. Eles deixaram de vê-la como uma ameaçadora fonte de estresse, e o nível de estresse naquela casa diminuiu significativamente.

COMO CRIAR UMA CRIANÇA PODEROSA

Lance, 12 anos, foi uma das crianças mais poderosas que já entraram no meu consultório. Fisicamente, ele era bem pequeno e não se mostrava ameaçador, mas em termos emocionais ele sabia se impor. A mãe o trouxera motivada pelo mais puro desespero.

Com base em conversas anteriores com a mãe de Lance, eu já sabia que ele era insolente com ela e usava palavras mais comumente ouvidas em vestiários de campos de futebol e em bares. Lance também lia a *Playboy* e coisas piores. Sua mãe aparentemente não fazia ideia de como lidar com ele. Ela veio sozinha à nossa primeira sessão de aconselhamento e, em determinado ponto, perguntou:

— Diga-me, dr. Leman, há algum problema em meu filho de 12 anos ler a *Playboy*?

— O que *você* acha? — respondi enquanto tentava manter a postura neutra de um terapeuta.

— Bem, não é muito bom, mas do jeito que as coisas andam hoje em dia... Realmente não sei se é ruim ou não!

Passei o restante daquela sessão tentando assegurar à mãe de Lance que os pais ainda têm autoridade sobre seus filhos, a despeito "do jeito que as coisas andam hoje em dia". Os pais não devem deixar jamais que algo como a Nova Moralidade, a Nova Onda ou a Nova Era os intimide. Um dos maiores problemas daquela mãe era que ela não tinha ajuda do pai do menino. O pai fora criado entendendo que a criação de filhos era tarefa das mulheres. Eu disse a ela que teríamos de aceitar aquela situação por um tempo e fazer o melhor que pudéssemos com Lance. Por que não trazê-lo?

Lance e eu tivemos algumas dificuldades de relacionamento. Quando não mostrei choque ou intimidação diante de sua escolha de vocabulário, ele simplesmente se levantou e foi embora. Saiu do consultório e foi para o estacionamento — com a mãe em seu encalço. Fui até onde Lance armava sua derradeira barricada e apresentei-lhe uma escolha:

— Olha, você pode ficar aí fora e cancelar nossa consulta, mas, se o fizer, precisará pagar a sessão do seu próprio bolso.

Arrisquei-me bastante ao dizer a Lance que ele, não sua mãe, era quem pagaria a consulta. Em primeiro lugar, não falei com ela. Além disso, nem sabia se Lance tinha ele próprio algum dinheiro. Mas consegui ser bem-sucedido em ambas as considerações. Eu e a mãe de Lance havíamos conversado o suficiente de antemão para estabelecer um relacionamento de confiança, e pude ver que ela estava disposta a cooperar. Quando Lance olhou para sua mãe como que dizendo "Eu tenho de pagar?", ela concordou de modo intimidador. Ele tinha algumas economias que somavam exatamente o valor para cobrir uma sessão de uma hora.

Foi um momento decisivo. Lance não estava disposto a desperdiçar seu precioso dinheiro com um psicólogo esquisito. Ele cedeu e voltou para dentro. Foram necessárias várias sessões para chegarmos *a algum lugar*. Enquanto eu conversava com Lance e sua mãe — separados e juntos —, tive uma aula clássica de como criar uma criança poderosa. Comece com um pai passivo, que nunca se envolve com qualquer de seus filhos, adicione uma mãe agradadora, que faz o melhor que pode com um estilo de criação de filhos bastante permissivo, e você terá condições sob medida para obter um rapazote poderoso que se coloca no controle praticamente desde o início de sua vida.

Aos 18 meses de idade, Lance se recusava a tirar uma soneca, gritando e esperneando até que a mãe se deitasse no tapete com ele, onde ele adormecia com os dedos por entre os cabelos dela (apenas para garantir que ela não iria embora). Se ela tentasse escapar depois de ele adormecer, ele acabava acordando e gritava ainda mais. Lance se recusava a dormir na cama; ele preferia o chão, o sofá, qualquer outro lugar, exceto onde sua mãe quisesse.

Assim, aos 18 meses, Lance era quem controlava; e tudo caminhou ladeira abaixo a partir dali. Aos 12 anos ele era de fato muito poderoso, e a mãe estava à beira de ficar maluca.

Não posso dizer que fizemos maravilhas com Lance, mas mamãe obteve bastante ajuda. Ela admitiu ter lido uma porção de livros de gurus que diziam "Satisfaça todas as necessidades dele e não lhe estrague a pequena psique". Durante todo o período de aconselhamento, que durou oito meses, a mãe de Lance aprendeu a usar os métodos da Disciplina da Realidade para manter seu filho poderoso na linha. Conforme explicarei no capítulo 7, exercer a Disciplina da Realidade é simplesmente responsabilizar os filhos por suas próprias ações, pedindo-lhes que prestem contas daquilo que fazem e dizem. Usei a Disciplina da Realidade com Lance no estacionamento, quando pedi que escolhesse entre voltar para dentro e concordar com o aconselhamento ou pagar do próprio bolso por uma hora de consulta.

Em todo o tempo em que aconselhei Lance, tive a duvidosa honra de aplicar a Disciplina da Realidade de maneira bastante real. Ele estava no sétimo ano naquela época, e ao longo de todo o ano letivo foi tirando notas cada vez piores. Lance jogara a escola "para os ares" e se recusava a fazer o que quer que lhe pedissem. Ele também teve problemas com todas as figuras de autoridade presentes em sua vida. Com a aproximação do final do ano letivo, aconselhei a mãe de Lance a não deixar que ele passasse de ano, muito embora a abordagem típica assumida na maioria das escolas seja a de promover a criança, pois ela "cresceu muito em termos sociais".

"A pior coisa que você pode fazer por Lance neste momento é deixá-lo ser promovido para o oitavo ano", eu disse à mãe. "Se você deixar que os educadores a intimidem nessa questão, então boa sorte. Você é mãe e tem o direito de insistir que ele seja retido."

A mãe de Lance decidiu que ele deveria repetir de ano, mas não tinha coragem de dizer isso ao filho. Tive a sorte de ser eleito para fazê-lo em nossa sessão de aconselhamento seguinte. Ali estava sentado aquele menino poderoso, olhando para mim com olhos cheios de ódio, mas que se encheram de lágrimas depois de ouvir as notícias. É interessante perceber que aquele foi um momento de transição — uma ruptura, na verdade. Uma característica das crianças poderosas é que elas respeitam o poder. Lance se recusara a cumprir suas responsabilidades na escola e pagou o preço por isso. Ele não se esqueceu daquilo e, embora não tenha se tornado um modelo de perfeição, de fato se aquietou numa posição em que era, pelo menos, civilizado com a mãe e os irmãos. Começou até mesmo a ajudar na arrumação da casa!

Como você pode ver, existe todo tipo e graduação de comportamento ligado ao ato de chamar atenção e de exercer poder. Quando o comportamento poderoso escapa totalmente das mãos, o pequeno se transformará numa "criança vingativa". Nos próximos estudos de caso você verá uma criança no limite entre ser poderosa e vingativa. Você também conhecerá uma adolescente que cruzou a linha para conseguir se vingar de seu pai.

JIMMY NÃO ESTAVA RASGANDO APENAS A MOBÍLIA

Nunca tive oportunidade de aconselhar Jimmy, de 10 anos, face a face, mas o conheci através de uma carta que sua mãe me escreveu depois de ler meu livro *Faça a cabeça de seus filhos — sem perder a sua.* Ela aprendeu muito com o livro, mas havia uma coisa que eu não havia abordado: "Como o senhor lida com uma criança de 10 anos que tem o costume de rasgar e estragar a mobília e ensina seus irmãos menores a fazerem o mesmo?".

De acordo com a carta de sua mãe, Jimmy era brilhante, criativo e cheio de imaginação — um verdadeiro líder na escola. Mas, desde que começou a andar, tem destruído coisas por toda a casa. Os pais haviam tentado de tudo, de conversas e pedidos educados a surras e castigos, e até mesmo fizeram-no escrever cem vezes a frase "Não destruirei a mobília"!

Mas nada adiantara. Jimmy não apenas continuava a ser destrutivo, como também estava ensinando seus dois irmãos menores a fazerem o mesmo, e eles estavam se tornando especialistas em mentir para proteger uns aos outros.

Quando respondi à carta daquela mãe, meu conselho se concentrou no fato de que, embora ela achasse que havia "tentado de tudo", a chave estava em se apegar firmemente a alguma forma de Disciplina da Realidade, algo que realmente impressionasse Jimmy (e seus irmãos) e os responsabilizasse, fazendo-os prestar contas de suas ações. Eu tinha fortes suspeitas de que, embora a mãe tivesse tentado diversos métodos de punição com os meninos, ela não havia embarcado numa estratégia de longo alcance para discipliná-los com firmeza e amor.

No caso de Jimmy, não pude deixar de pensar que, mesmo com tão pouca idade, estivesse passando de criança poderosa a vingativa. Quando uma criança de 10 anos habitualmente rasga e estraga móveis, em seu passado há problemas não resolvidos. De fato, Jimmy precisava de aconselhamento profissional, e insisti com a mãe que procurasse alguém em sua comunidade.

LAURA "FEZ UM ÓTIMO TRABALHO PARA SEU PAI"

Laura, 15 anos, não era casada e estava no oitavo mês de gravidez quando sua mãe a trouxe ao consultório. As primeiras palavras de Laura para mim foram: "Vou ficar com o bebê, e ninguém vai me convencer do contrário. Espero que você não tente, doutor, porque, se o fizer, vou embora agora mesmo".

Respondi a ela dizendo que eu não estava ali para dizer-lhe o que fazer, mas para descobrir onde ela estava e aonde gostaria de ir na vida. Logo descobri que os pais de Laura queriam dar o bebê para adoção, mas Laura estava determinada a ficar com ele. Era uma clássica luta de poder. Laura era mais do que uma criança poderosa. Ela estava se vingando — particularmente de seu pai.

O pai de Laura estava afastado da vida dela desde o dia em que ela nasceu. Ele via a criação de filhos como uma tarefa feminina e literalmente deixou sua esposa fazer tudo. Ela alimentava as crianças, as disciplinava, preparava para ir para a escola, levava à igreja e comparecia aos seus jogos e apresentações, enquanto papai simplesmente ocupava seu tempo com o trabalho ou ficava em frente à televisão.

Mencionei a importância do relacionamento de uma menina com seu pai e o que poderia acontecer se esse relacionamento não fosse bom. No caso de Laura, não havia nenhum relacionamento. Enquanto conversava com Laura, tudo veio à tona: a ferida, a amargura, a dor. Em determinado ponto, perguntei a ela:

— Diga-me uma maneira pela qual você poderia dar o troco ao seu pai. Se houvesse um modo, como você faria isso?

Laura olhou para baixo, na direção de seu corpo inchado e, então, voltou os olhos para mim com um pequeno sorriso nos lábios:

— Bem, acho que fiz um trabalho muito bom, não acha?

Laura era igual a muitas adolescentes que vejo. Envolvem-se em promiscuidade sexual e ficam grávidas — tudo para "dar o troco ao papai". Elas se tornam vingativas em razão de feridas e erros que acreditam terem lhes causado no passado. Nesse caso, Laura buscava atenção e "amor" de rapazes como substitutos para o amor que não recebera de seu pai.

Os anos da adolescência são tipicamente o período em que surge o filho vingativo. Nossas prisões estão cheias de pessoas que praticaram vingança, primeiramente contra seus pais, talvez, e depois contra a sociedade. Converse com prisioneiros de qualquer penitenciária e, invariavelmente, você descobrirá que a família dele era deficiente em algum aspecto bastante sério. Foram criados por pais que usaram um ou todos os três estilos de criação de filhos que podem facilmente produzir crianças poderosas ou vingativas. Esses três estilos são:

AUTORITÁRIO

PERMISSIVO

NEGLIGENTE

O autoritarismo é generoso no uso da vara e da linguagem dura e econômico em encorajamento bondoso e afeição. Comentários reveladores por parte de pais autoritários que aparecem no meu consultório tentando descobrir o que fazer com "filhos incorrigíveis" soam mais ou menos assim:

"Sei o que é melhor para ela, mas ela simplesmente se recusa a ouvir."

"É melhor ele fazer, senão... Enquanto viver debaixo do meu teto, eu dito as regras!"

A permissividade vai para o outro extremo e é generosa naquilo que os pais entendem como "amor" e econômica na direção firme e nas orientações. Comentários reveladores por parte de pais permissivos que aparecem no meu consultório soam mais ou menos assim:

"Bem, creio no amor por meus filhos — se eu os amar com intensidade suficiente, tudo dará certo."

"Tento dar ao meu filho tudo o que ele quer e necessita. Creio que essa é a função dos pais."

O pai negligente é um terceiro estilo não tão prevalente quanto o autoritarismo e a permissividade, mas ainda assim está presente. Pais negligentes são exatamente isso: eles simplesmente não se ligam muito em seus filhos. Já mencionei vários casos nos quais o pai de determinada família estava de fato sendo "negligente" ao mesmo tempo que mantinha uma respeitável fachada de "provedor de sua família", trabalhando longas horas todos os dias. Mas, numa verdadeira situação de negligência, os pais simplesmente não estão presentes. Eles praticamente deixam as crianças soltas para sobreviverem por si mesmas. Pais negligentes têm uma excelente oportunidade de produzir filhos cheios de necessidade de vingança. É muito comum que os presos de uma penitenciária tenham tido pais negligentes.

Diante disso, qual é a resposta? Qual estilo de criação de filhos pode produzir filhos doadores, e não tomadores, que prestam contas e são responsáveis, e não que sejam rebeldes e poderosos?

Creio que a resposta reside no desenvolvimento de um estilo de criação de filhos permeado pelo equilíbrio entre controle gentil, mas firme, e amor genuíno. Como podemos manter esse equilíbrio quando o estresse se acumula como roupa suja? Com uma ferramenta à qual já me referi e que vamos analisar agora com um pouco mais de profundidade. Se existe alguma resposta para impedir o estresse durante a criação de seus filhos, ela reside no aprendizado e no uso dos princípios da Disciplina da Realidade para treinar seus filhos no caminho pelo qual devem andar. No próximo capítulo mostrarei por quê.

CAPÍTULO 7

Você está criando tomadores ou doadores?

"Nos últimos três anos eu disse coisas como: 'Espere um pouco, o pai aqui sou eu! Afinal, quem manda aqui? Ops, lá vem outra fase!'"

Quase todo dia recebo cartas como esta:

> Quando Timothy nasceu, eu e meu marido estávamos casados havia três anos, tínhamos 26 anos e nos sentíamos "prontos e preparados" para criar filhos, ou pelo menos achávamos que sim. Não acho graça nenhuma hoje quando olho para trás e lembro do modo como dizíamos "deixe para lá". Durante os últimos três anos tenho tentado (algo semelhante a correr contra o vento) acompanhar o crescimento e as mudanças que Tim tem imposto sobre nós. Eu já disse coisas como: "Espere um pouco, o pai aqui sou eu! Afinal, quem manda aqui? Ops, lá vem outra fase! Será que ainda estão nascendo dentes? Meu Senhor, AJUDE-ME!".

Problemas com criação de filhos não são novidade, estão presentes desde quando Adão e Eva lutaram para criar Caim e Abel. Durante todos os séculos, os pais tentaram apelar, permitir e punir. Já decretaram, exigiram e se desesperaram.

Como disse uma mulher, "Eu era uma boa mãe; o que está acontecendo comigo?".[1]

Realmente não é surpresa que os livros mais populares que já escrevi tratem da sua tentativa de manter a sanidade enquanto os filhos têm outros planos em relação a você. Meu primeiro livro prometia *Parenthood without Hassles (Well Almost)* [Criação de filhos sem brigas — bem, quase]. A seguir veio *Faça a cabeça de seus filhos — sem perder a sua*. Essa frase impressionou muitos pais que estavam na Esquina do Fim do Bom Senso até que experimentaram aquilo que chamo de Disciplina da Realidade.

Falarei sobre alguns fundamentos da Disciplina da Realidade mais adiante neste capítulo, mas primeiro precisamos entender por que crianças são uma grande fonte primária de estresse e o que os pais podem fazer em relação a isso. Uma coisa que estão fazendo nesse sentido é parar de ter filhos. Uma estatística interessante — e desanimadora — que vem sendo explorada pelos especialistas é que entre 25% e 40% das mulheres nascidas na década de 1960 não terão filhos. Para alguns, a razão disso é a busca de uma carreira. Outras têm medo de criar filhos numa era nuclear. Mas desconfio que para muitas é simplesmente a admissão de que não estão dispostas a encarar a luta. Viram seus próprios pais enfrentando dificuldades para criar filhos e talvez tenham amigos com filhos. Elas podem ver que a criação de filhos é um bilhete de entrada para o estresse crônico.

Outro fenômeno atual é aquilo que o jornal *USA Today* chama de "um dos segmentos que mais cresce entre a população", a saber, mulheres no mercado de trabalho que esperam para ter filhos quando já estão no final da casa dos 30 anos.[2] A boa notícia para essas mulheres que colocaram os filhos de lado na busca por ascensão profissional é que, quando realmente iniciarem uma família, elas estarão mais maduras e terão capacidade de lidar com a frustração. A má notícia é que elas terão menos energia e possivelmente serão mais rígidas em seu modo de pensar, o que fará que sejam menos pacientes com os infortúnios da maternidade.

OS PAIS EXIGEM MUITO DE SEUS FILHOS MUITO CEDO

Uma das razões pelas quais os filhos se tornam fonte de estresse é a percepção de seus pais. Mamãe e papai veem suas crianças por meio de olhos repletos de expectativa. E costumam esperar que "sejam como eles". Ironicamente, enquanto aconselho famílias, vejo que os pais têm maior probabilidade de *não* se darem bem com filhos que são mais parecidos com eles.

Mas as expectativas permanecem e proliferam. No momento em que o pequeno Buford balbucia pela primeira vez, os pais começam a fantasiar sobre habilidades de falar em público e sonhar como ele será diferente das demais crianças. Suas expectativas em relação a Buford os tentam a exigir muito do pequeno rapaz em um espaço de tempo muito curto. Não são apenas os pais que se estressam em demasia; ele também fica estressado.

De fato, a pesquisa psicológica está começando a confirmar que Buford e sua mãe representam números substanciais na tropa dos estressados.

Carl Thoresen, pesquisador de Stanford, veterano e altamente respeitado professor de psicologia e educação, acredita que 25% a 30% dos filhos estejam "em má situação". De acordo com suas descobertas, filhos altamente estressados mostram muito mais sintomas crônicos de estresse: dores de cabeça, inflamação na garganta, problemas estomacais, dificuldade para dormir, tensão muscular no pescoço e na cabeça, boca seca e suor nas mãos.

Esses mesmos estudos mostram que muitas mulheres sofrem de problemas para dormir, disfunção sexual, sentimentos abrangentes de raiva e um irritante senso de sempre estar atrasada.[3]

São as crianças que estão fazendo isso à mãe ou é ela quem está fazendo isso para os filhos ao esperar muito deles e de si mesma? Pode ser um pouco — talvez muito — de ambos.

Uma leitura que recomendo a todos os pais é *Sem tempo para ser criança: a infância estressada,* de David Elkind, livro que, na publicação original, tem um subtítulo bastante preciso: "Crescendo muito rápido muito cedo". Elkind é psicólogo infantil e chefe do departamento de estudos da infância da Universidade Tufts. Ele estuda crianças há mais de meio século e acredita que um dos principais fenômenos dos últimos vinte anos tem sido a pressão sutil — e às vezes não tão sutil — que os pais colocam sobre seus filhos quanto ao desempenho.

Elkind tem visto o pêndulo variar dos filhos mimados que surgiram da permissividade dos anos 1950 e 1960 até os filhos apressados e estressados aos quais se tem pedido que cresçam rápido demais, "empurrados em seus primeiros anos na direção de muitos tipos diferentes de realizações e expostos a experiências que exigem demais de sua capacidade adaptativa".

Ele acredita que, "assim como, no fundo, crianças mimadas foram estressadas pelo medo de seu próprio poder, crianças apressadas são estressadas pelo medo do fracasso — não alcançar algo suficientemente rápido ou não subir suficientemente alto".[4]

Concordo completamente com Elkind quando ele fala sobre vestir nossos filhos como adultos em miniatura e tratá-los da mesma maneira. Hoje vejo mães que mandam filhos de 2 anos para programas de ginástica. Bebês de 6 meses vestem roupas de grife. Ouvi recentemente sobre bebês de 8 meses que estão sendo expostos a cartões de treinamento de leitura para começarem a ler bem cedo!

Toda essa pressa em tirar as crianças do berço cedo demais resulta em um paradoxo gigante. Os pais balançam a cabeça negativamente diante de crianças nos primeiros anos do ensino fundamental, já com 8 ou 9 anos, que começam a falar e a agir como adolescentes. O que eles esperavam? Desde qe os filhos são bebês esses pais os têm forçado a lidar com desafios e pressões que estão muito além de sua idade.

Descobri que o quarto ano é um tipo de linha divisória que traz mudanças reais para a maioria das crianças. Acontece uma transformação que costumo descrever como uma espécie de "puberdade mental/emocional". O grupo de amigos passa a assumir enorme importância. Crianças de 8 e 9 anos começam a ter muita consciência do que as outras pessoas têm em termos de coisas, dinheiro e *status*.

Uma mãe me disse ter notado que seu filho de 9 anos se afundava cada vez mais em seu assento à medida que se aproximavam da entrada da escola de classe média alta em seu automóvel Plymouth 1971.

— O que está acontecendo, filho? Você está bem? — perguntou ela. Quase em agonia, o pequeno Steven respondeu:

— Mãe, eu não quero ser *visto* neste carro. Ele tem as rodas pretas e quatro portas!

Uma mãe me contou o que sua filha lhe disse: "Você vai mesmo usar essa blusa *lá fora*, onde todo mundo pode *ver* você?".

SEU ADOLESCENTE ENFRENTA MUITO ESTRESSE

Pode-se pensar que, com todo esse atropelo para realizar mais e crescer mais rápido, as crianças estarão prontas e ansiosas para superar aqueles dois pontos mais estressantes que existem: os anos finais do ensino fundamental e os primeiros anos do ensino médio. Infelizmente, para muitas crianças, o que acontece é o oposto. Digo com toda a clareza aos pais que, na época em que seu filho chegar à adolescência, é melhor que ele seja bom em alguma coisa, ou as pressões e tentações da vida serão tremendamente difíceis.

Não estou dizendo que uma criança tenha de ser um gênio, linda, com média de notas acima de 9 ou abençoada com a destreza de um atleta profissional.

O que quero dizer com "ser bom em alguma coisa" é que o adolescente precisa ter uma quantidade suficiente de autoestima que venha de suas próprias realizações, de ser parte de alguma coisa importante, e assim por diante. Para alguns, poderia significar fazer parte de um time ou talvez tocar flauta na orquestra. Para outros poderia ser ter muitos amigos, ou um trabalho que lhe dê dinheiro para comprar roupas e coisas extras. A chave para a autoestima é que o adolescente se sinta amado, aceito e capaz.

Uma das mudanças mais dinâmicas da vida surge quando as crianças chegam aos anos da adolescência. Refiro-me, é claro, à puberdade física, que faz que o relógio biológico interno da criança coloque para funcionar uma miríade completamente nova de motivações, desejos e exigências.

Conheço um pai que ficou escondido e descobriu sua filha de 13 anos sorrindo (com aparelho dentário e tudo mais) diante do espelho, fazendo diferentes poses, virando o ombro desse jeito, erguendo a cabeça daquele jeito e enfeitando o cabelo para "ficar com boa aparência". A garota não é diferente de milhões de outras que coletivamente passaram incontáveis séculos na frente do espelho com um pente e outras ferramentas de beleza nas mãos.

Querer ter boa aparência para atrair o sexo oposto é um desejo inocente e sadio, mas tudo se transforma em amargor quando um adolescente é apresentado ao sexo rápido demais e cedo demais. Para saber o que é ter um coração partido basta conversar com uma menina de 14 anos de idade cujo corpo se torna uma massa de bolhas de herpes gotejantes durante seu período menstrual. Recentemente aconselhei uma menina que tivera sua primeira experiência sexual aos 12 anos na lavanderia da casa de um menino, enquanto os pais estavam em outra parte da casa.

SEUS FILHOS ESTÃO APRENDENDO A SER DOADORES OU TOMADORES?

Uma das perguntas que faço aos pais é: "Vocês estão criando um doador ou um tomador?". Com toda essa tendência de forçar as crianças a crescer muito rápido, elas aprendem a ser muito melhores em adquirir, colecionar e realizar coisas para si mesmas do que em servir, compartilhar e dar aos outros. Onde as crianças aprenderam isso? Com os maiores modelos de sua vida: seus pais.

Falarei muito mais sobre mães que trabalham nos capítulos 9 e 10, mas vale a pena notar aqui que a prática atual de ter os dois pais trabalhando com o objetivo de manter "um bom padrão de vida" é apenas mais um fator que encoraja famílias a pressionar seus filhos a "crescerem rápido".

Enquanto aconselho, posso perguntar a uma mãe que trabalha: "Você quer realmente ver seus filhos crescerem?".

A mãe geralmente responde: "O que você quer dizer? É claro que estou vendo meus filhos crescerem — não tenho muito tempo, mas faço o melhor que posso".

"Entendo o seu problema", costumo dizer, "mas tudo é uma questão de prioridades. Você quer mesmo ser parte integrante da vida de seus filhos? Quer estar suficientemente próxima para saber como eles pensam e o que sentem? Ou quer que outra pessoa faça isso?".

Quando as crianças são pequenas, essa "outra pessoa" é uma cuidadora — uma babá, uma professora da escola, uma assistente da pré-escola, possivelmente uma avó. À medida que os filhos ficam mais velhos, essa outra pessoa se torna o grupo de amigos. Pais cujos filhos adolescentes estão nos últimos anos do ensino médio admitem para mim que agora percebem que o estresse e as pressões de criar filhos durante o período da pré-escola e do ensino básico são leves se comparados a acompanhar um adolescente com 16 anos, carteira de habilitação (nos Estados Unidos) e gosto por carros rápidos e uma multidão veloz.

O ensino médio traz pressões de todos os lados: bebida, distúrbios alimentares, drogas. A promiscuidade chama de todas as direções. Para adolescentes que conseguem permanecer fora desse tipo de problemas, ainda existem as dificuldades bastante reais inerentes ao simples fato de crescer. Como você preserva a autoestima quando suas notas caem, sua popularidade diminui e a vida parece tão atraente quanto a nova espinha que surgiu bem na ponta do seu nariz antes daquele grande encontro no sábado à noite?

Algo que sugiro aos pais de adolescentes, e que Sande e eu praticamos fielmente com nossos próprios filhos, é conhecer os outros jovens com quem eles se associam. Convide-os para vir à sua casa e esteja presente para providenciar muita comida, cordialidade e aceitação, bem como a quantidade correta de supervisão para que eles saibam que você se importa.

Uma boa parte dos meus arquivos de aconselhamento trata de situações nas quais os pais não estavam por perto para supervisionar os adolescentes. Eles se afastaram para poder buscar carreiras ou seguir sua própria vida social, e justificaram a atitude dizendo que "afinal, os adolescentes não querem adultos por perto".

O que isso diz a um adolescente, a não ser que seus pais querem que ele cresça rápido e que não lhes dê nenhum trabalho? Por meio de seu próprio comportamento egocêntrico, os pais ensinam seus filhos a se tornar tomadores em vez de doadores! Não é nenhum mistério a razão de os adolescentes causarem aos pais todo tipo de incômodo. É como se eles estivessem tentando dizer "Você me forçou a crescer rápido e ser independente. Portanto, aqui estou, fazendo exatamente isso. O que *você* acha disso?".

COMO CRIAR DOADORES EM VEZ DE TOMADORES

Todos os pais gostam de se lembrar de situações ou eventos que foram boas experiências de aprendizado para seus filhos. Uma de minhas lembranças favoritas é a época em que minha filha mais velha, Holly, e suas colegas de classe do quinto ano entregaram comida e outros donativos úteis para pessoas carentes de nossa comunidade.

O que tornou o projeto tão valioso, porém, foi a "abordagem de envolvimento". Em vez de simplesmente arrecadar dinheiro e pedir ao professor que enviasse o cheque a alguma agência que, por sua vez, pudesse ajudar aquelas pessoas menos afortunadas, Holly e seus amigos pegaram comida e outras coisas de suas casas e as entregaram às pessoas, olho no olho, por assim dizer. Holly nunca se esquecerá do momento em que estava em pé na cozinha de uma mãe agradecida que parecia ter pelo menos uma dúzia de filhos. O chão estava limpo, mas não era feito de cerâmica, madeira ou linóleo. Era de *terra batida* e, durante a visita à casa mais modesta que já vira, Holly teve uma aula sobre diferenças culturais e sociologia que nenhum livro escolar poderia lhe fornecer.

Creio que experiências como essa produzem uma criança doadora, e não tomadora. O que quero dizer com os termos "doadores e tomadores" e por que é importante que mães estressadas saibam a diferença? Posso pensar em várias razões:

- Doadores entendem a realidade e as necessidades humanas.
- Tomadores preferem a fantasia e a satisfação de suas próprias necessidades.

- Doadores querem ser cidadãos responsáveis e prestadores de contas.
- Tomadores realmente não querem prestar contas a ninguém nem ter muitas responsabilidades.

- Doadores percebem que podem ter de esperar para obter o que desejam ou até mesmo que não conseguirão aquilo.
- Tomadores vivem de acordo com a lei da gratificação instantânea.

Eu poderia prosseguir, mas acho que você já entendeu. Quando converso sobre doadores *versus* tomadores, não estou tentando fazer uma palestra ou um sermão sobre como ser "bonzinho". Estou de fato falando sobre dar aos filhos um fundamento básico para a vida, algo que aparecerá em todos os aspectos quando eles crescerem e criar sua própria família. Por exemplo:

- Doadores permanecem no casamento quando as coisas ficam difíceis.
- Tomadores dão o fora porque não estão se sentindo "satisfeitos".

- Doadores cuidam de sua família.
- Tomadores cuidam de si mesmos.

- Doadores criam filhos com respeito e justiça.
- Tomadores criam filhos sem realmente considerar o valor pessoal e as opiniões destes.

Para mim, não há melhor lugar para detectar a atitude de doador ou tomador do que na família. E, para todas as mães estressadas, gostaria de deixar uma coisa bem clara: quando falo sobre "doar", não me refiro a fazer o papel de criada, capacho e escrava enquanto seu marido e seus filhos desempenham alegremente a função de "tomar". Se você quer que seus filhos (e quem sabe o maridão também?) aprendam como doar um pouco, eles precisam de treinamento e instrução. Precisam de exemplos vivos e reais de como tudo isso acontece.

Eles precisam da Disciplina da Realidade.

Devo admitir que sou um pouco tendencioso sobre quão útil a Disciplina da Realidade pode ser. A maioria dos psicólogos tem sua própria filosofia de criação de filhos, e eu não sou exceção. Mas a razão pela qual defendo tanto a Disciplina da Realidade é que *eu sei que ela funciona.*

Se os pais — especialmente as mães, que normalmente suportam a maior parte da criação dos filhos — usarem os métodos da Disciplina da Realidade de maneira consistente, eles talvez não eliminem completamente os problemas estressantes, mas poderão evitar que as pressões e o consequente estresse aos poucos os deixem malucos.

POR QUE A DISCIPLINA DA REALIDADE É TÃO MARAVILHOSA?

Explicar completamente a Disciplina da Realidade exigiria um livro inteiro, e é isso o que tentei fazer em *Faça a cabeça de seus filhos — sem perder a sua.* Desde que escrevi aquele livro, porém, tenho tido problemas com o título: para criar um doador, não um tomador, você não *faz* a cabeça de seu filho; você *dá* à criança a oportunidade de escolher e tomar decisões pessoais. Você dá à criança liberdade de errar, ao mesmo tempo que ensina responsabilidade e prestação de contas. Quando você usa a Disciplina da Realidade:[5]

1. Você não procura punir; você procura maneiras de disciplinar, treinar e ensinar.

2. Não é *você* quem causa a "punição", a dor ou as consequências que a criança possa ter de enfrentar; a *realidade* é o que provoca a dor ou as consequências à medida que seu filho aprende como o mundo real funciona.

3. Você não oscila para a frente e para trás entre ser permissiva (muito amor e insuficiência de controle) num minuto e autoritária (muito controle e insuficiência de amor) no momento seguinte.

Alguns psicólogos descrevem o meio-termo entre amor demais e controle demais como "ser dominante", no sentido de que você está no controle, mas ainda é razoável, justa e amorosa. Eu mesmo usava o termo *dominante*, mas gosto mais da ideia de "equilíbrio". E não há ferramenta mais eficaz para alcançar o melhor equilíbrio entre os dois extremos do que a Disciplina da Realidade.

4. Você ensina a prestação de contas e a responsabilidade de uma maneira que ajuda a criança a aprender à medida que toma suas próprias decisões e experimenta as consequências de seus próprios erros e fracassos, bem como seus próprios sucessos.

Em resumo, ao usar a Disciplina da Realidade, você permite que seu filho se torne um indivíduo cuja imagem de si mesmo lhe permite agir com confiança e altruísmo. Existe muita conversa hoje sobre construir filhos confiantes e que tenham autoestima adequada. Meu consultório está cheio de filhos (e pais) que enfrentam sérios problemas de autoimagem. A Disciplina da Realidade pode ajudar muito na construção da autoestima, mas, para obter os melhores resultados, ela deve ser usada desde o berço.

Não tenha medo, por exemplo, de deixar seu filho com uma babá de confiança e sair à noite. Dessa maneira, a criança aprende que o mundo não gira em torno dela. Também não há nada de errado em usar um cercadinho. As crianças precisam aprender que as responsabilidades da mamãe vão além de entreter o filho de 18 meses. É muito mais fácil preparar um bolo ou conferir o talão de cheques sem ter um pequenino atracado ao seu tornozelo.

COMO A DISCIPLINA DA REALIDADE FUNCIONA NA PRÁTICA

Quer eu esteja aconselhando pais frente a frente no meu consultório ou conversando com um grupo deles num seminário ou num congresso, tento enfatizar que a Disciplina da Realidade não é um amuleto nem uma resposta mágica para tudo. Parafraseando um antigo ditado, "a Disciplina da Realidade funciona se você a fizer funcionar". Veja alguns princípios básicos a serem seguidos à medida que você ensina seus filhos a terem uma personalidade doadora e amorosa em vez de tomadora e egoísta.

Sempre faça seu filho prestar contas das atitudes que tiver e se responsabilizar por elas. Os tomadores têm pouco ou nenhum senso de responsabilidade ou de prestação de contas. Eles estão ocupados demais pensando em "número um". Os doadores aprendem, já em seus primeiros anos, que tudo o que fazem ou deixam de fazer tem um desfecho ou uma consequência.

Suponha, por exemplo, que mamãe diga a Harold, de 4 anos:

— É hora de recolher seus brinquedos. Temos de sair para ir à consulta com o médico.

O pequeno Harold reclama:

— Não posso, eles são muito pesados!

Mamãe não diz nada e leva Harold para a consulta. No caminho de volta para casa, passam numa sorveteria e Harold chora para que parem e tomem uma casquinha. Mamãe segue em frente e diz:

— Não posso virar o volante, ele é muito pesado.

Se mamãe se mantiver firme e não ceder aos apelos e choros de Harold, ele entenderá a mensagem. Ele aprenderá: "Quando guardo meus brinquedos, recebo uma recompensa. Quando não guardo, nada de prêmio!".

Para crianças que estão no ensino fundamental, oportunidades de ensinar as "consequências naturais" estão em todo lugar. Se não fizer o dever de casa, não vai assistir à televisão. Se quebrar um brinquedo, vai comprar um novo com o dinheiro da mesada. Se não se levantar quando mamãe chamar para tomar café da manhã, vai perder o ônibus escolar e terá de ir a pé para a escola, e enfrentar as consequências de chegar atrasado e explicar o motivo para o professor ou diretor.

Na adolescência, você pode ajudar seu jovem a enfrentar as responsabilidades fazendo que ele pague suas próprias multas de trânsito e se apresente sozinho perante as autoridades, caso tenha de fazê-lo. Um campo de batalha para a maioria de pais e adolescentes é a hora do "toque de recolher", ou seja, a hora de chegar em casa. Se você quiser usar a Disciplina da Realidade com respeito a isso, tente o seguinte.

Explique aos seus adolescentes que atraso significa proibição do uso do carro (ou algum outro privilégio conquistado) por uma semana (ou qualquer período de tempo com o qual vocês concordem). Quando seu adolescente sair à noite, peça que ele ajuste um despertador para a hora de chegar em casa e deixe-o a uma distância que você possa ouvi-lo do seu quarto. O adolescente sabe que se, não chegar em casa a tempo de desligar o despertador, implicará duas coisas:

1. Seus pais podem ser despertados de um sono profundo e ficar bastante chateados.
2. Seus pais, que podem estar acordados morrendo de preocupação, saberão qual foi o momento exato da verdade sobre o não cumprimento do toque de recolher.

Seja qual for o caso, não haverá conjecturas ou argumentação. O adolescente preparou o despertador por si mesmo e era responsabilidade dele chegar em casa a tempo de desligá-lo.

É claro que você pode fazer um acordo com seu adolescente e pedir a ele que telefone, caso não possa chegar em casa a tempo por algum motivo alheio à sua vontade: um pneu furado ou uma mudança de planos por parte de pessoas que ele não pode controlar. A chave para fazer que o toque de recolher (ou qualquer outra regra) funcione é ser amigável, justo e *firme*. Assim que o despertador tocar, não há como escapar: deve-se arcar com as consequências.

Seja consistente. Os tomadores têm falta de autodisciplina porque seus próprios pais são inconsistentes e indisciplinados. Existe uma probabilidade muito maior de os doadores virem de um lar no qual a disciplina é firme, mas sempre aplicada de maneira justa.

A chave para o sucesso é usar a Disciplina da Realidade e, depois, em outra oportunidade, não voltar à permissividade ou ao autoritarismo. Haverá muitos momentos difíceis nos quais você precisará fazer valer aquilo que afirmou serem as consequências de determinado comportamento. Seu filho testará você para ver até que ponto poderá agir como tomador em dada situação. Com a Disciplina da Realidade, você pode ensiná-lo que, ao invés de tomar, ele deverá doar.

Desde a infância, por exemplo, a criança deve seguir uma regularidade na hora de dormir. Você pode permitir que seu filho fique "acordado até tarde" em circunstâncias específicas, mas certifique-se de que as ocasiões sejam muito especiais e muito excepcionais.

Uma das melhores maneiras de ensinar regularidade é usando o relógio. Suponha que seu filho ignore a regra de estar em casa às 18 horas para o jantar. Ele "se esquece" ou pura e simplesmente fica lá fora porque está se divertindo. A regra é simples: nada de jantar. Costumo encontrar mães que se arrepiam diante dessa ideia, discutindo de maneira veemente comigo por me considerar desamoroso e severo demais. Minha resposta é que nunca conheci uma criança que tenha morrido por não ter feito uma refeição, ou até mesmo várias. Se você for consistente com sua política da hora do jantar, a criança não perderá muitas refeições. (Também firme o propósito de chamar seus filhos para jantar *apenas uma vez.*)

Fica mais difícil ser consistente quando seu filho chega ao final do ensino fundamental e início do ensino médio, mas vale a pena. Já apresentei um exemplo de como ser consistente em relação ao toque de recolher. Sempre aconselho os pais a não verem o dia que o filho consegue a carteira de habilitação como o prenúncio de desastre. Pelo contrário, isso dá aos pais uma enorme autoridade. Dirigir é um privilégio que poucos adolescentes enxergam como menor ou sem importância. "Ter rodas" é crucial para um adolescente. Assim que ele quebrar uma regra acordada de antemão e tiver de pagar com a supressão do direito de dirigir, o pai e a mãe jamais devem demonstrar piedade (nem mesmo para deixar que ele vá até o mercado comprar pão). Deixe-me adicionar aqui que a Disciplina da Realidade funciona muito melhor com um adolescente se este tiver sido criado com a Disciplina da Realidade desde tenra idade.

Sempre ensine seu filho postergando a gratificação até que as responsabilidades tenham sido cumpridas. Os tomadores sempre colocam os planos e desejos pessoais à frente de suas responsabilidades; os doadores estão certos de que suas responsabilidades vêm em primeiro lugar. Até mesmo uma criança de cerca de 3 anos, por exemplo, pode aprender que "primeiro recolhemos os brinquedos e depois assistimos aos *Backyardigans*". Um aluno do ensino fundamental está mais bem equipado para a vida quando aprende que as tarefas vêm antes da diversão — até mesmo jogar bola!

Na época da adolescência, a gratificação instantânea é quase um rito cultual. Em muitas situações, sua melhor arma é seu talão de cheques — ou seja, mantê-lo na gaveta. Os adolescentes precisam ter a jaqueta nova, a luva nova, o último sei lá o que, *agora*. A vida está andando rápido. Todos os outros colegas têm e, se eles não tiverem *agora*, vão simplesmente morrer.

Primeiro, o pai e a mãe que conseguem praticar a Disciplina da Realidade diante desse tipo de argumento poderoso esboçam as razões pelas quais o dinheiro não está disponível. Então, se o adolescente insistir que morrerá sem o objeto desejado, podem simplesmente dizer: "Você não vai morrer; é preciso enfrentar a realidade".

Outra resposta óbvia para o adolescente que "simplesmente precisa ter" aquela certa coisa é sugerir que ele pode obter seu próprio dinheiro e comprá-la.

Quando o adolescente trabalha fora de casa e recebe por isso, ele tem muito maior apreço por aquilo que o dinheiro compra.

Outra maneira de ensinar seu filho a prestar contas, bem como de postergar a gratificação instantânea, é permitir que ele se envolva no pagamento das contas mensais. Isso pode significar "muito problema extra", mas pode valer a pena. Talvez você queira que a criança atinja certa idade antes de confiar-lhe esse tipo de informação, mas realmente creio que até mesmo crianças de 12 ou 13 anos são bastante capazes de se envolver e entender como realmente funciona o orçamento da família, e, ao confiar essa informação ao seu filho, você mostra que o respeita. Conforme seu filho aprender as realidades de se manter uma família funcionando, ele saberá que talvez tenha de abrir mão de certas coisas, esperar e "poupar" para conseguir algo que acha que deve ter.

Também existe outro possível benefício de deixar a criança ajudar a "pagar as contas". Se aos 12 ou 13 anos ela aprender a realidade acerca de quanto custa sustentar uma família, será muito menos provável que ela abandone a escola aos 16 para trabalhar num emprego que não a levará a lugar nenhum. Haverá uma possibilidade muito maior de essa criança terminar a escola e obter a formação de que precisa para ganhar um dinheiro decente para viver.

Trate seu filho com respeito, nunca com sarcasmo, arrogância ou linguagem depreciativa. Tomadores têm pouco respeito pelos outros porque nunca aprenderam como tratar os demais com respeito. Os doadores aprendem melhor a ter um comportamento respeitoso se tiverem pais que lhes sirvam de exemplo. Em outras palavras, pessoas que respeitam as outras também foram respeitadas em seu lar.

Já vi mães de jogadores da liga de beisebol infantil gritando com seus filhos de 8 anos enquanto eles estão em pé, tremendo, no campo: "Junte as mãos, Billy. Pegue o taco direito, seu bobo. Mantenha as pernas abertas".

Gosto muito de beisebol e, numa ocasião em que vi isso acontecer, não pude me conter. Tentei dizer algo para a mãe, e ela me respondeu, numa linguagem bastante clara e direta, que eu deveria cuidar da minha vida!

Outra coisa que você deve perceber é que se pode mostrar respeito por uma criança pequena ao "descer ao nível dela" na hora de conversar. Considere como você se sentiria se tivesse de seguir pela vida esticando os músculos do pescoço para conversar com gigantes que medem entre 5 e 6 metros de altura! Poderíamos parafrasear o velho ditado que diz: "Nenhuma mãe é tão alta que não possa se dobrar para conversar com seu filho".

Na época da adolescência o respeito realmente se torna uma questão crucial. Lembre-se de que você não exige respeito de um adolescente. Você o conquista. Você permite que seu adolescente tenha privacidade? Leva os problemas dele a sério ou simplesmente ri e diz "Ah, você vai superar essa situação — passei por isso quando eu estava no ensino médio"?

DISCIPLINA DA REALIDADE: ISSO É TUDO?

Posso entender se algumas mães estiverem dizendo neste momento: "Esse tal de Leman está tentando me dizer que toda a questão de criar filhos se resume a aprender como disciplina-los corretamente?".

Obviamente, há muito mais coisas relacionadas à criação de filhos do que isso. O que acabei de citar mal arranha a superfície de tudo o que a Disciplina da Realidade pode aliviar e como ela pode impedir o estresse na criação de filhos. Ser pai é suficientemente difícil, quaisquer que sejam as circunstâncias, mas é tolice — além de desnecessário — ficar sob estresse constante por não conseguir encontrar o equilíbrio correto entre ser muito dura ou muito gentil.

Percebo que falar sobre a Disciplina da Realidade pode soar como um comercial do meu livro *Faça a cabeça de seus filhos — sem perder a sua*, mas vou correr esse risco. Francamente, se você é uma mãe que está sentindo as pressões e o estresse da criação de filhos, insisto que você compre o livro e o leia com bastante atenção. Ele está repleto de dicas práticas que não compartilharei aqui por falta de espaço. A Disciplina da Realidade pode ajudar a aliviar o estresse causado por filhos que:

- Respondem com ousadia ou falam demais uns com os outros.
- Estão no processo de largar as fraldas ou experimentam a pressão do grupo de amigos.
- Esquecem-se de fazer as tarefas ou não se dão conta de "que horas são".
- Não conseguem levantar de manhã ou lutam para ficar acordados toda noite.
- Carecem da motivação necessária para cumprir tarefas, trabalhos escolares e outras responsabilidades.

Tenha em mente também que, à medida que você procura treinar filhos que sejam doadores, e não tomadores, haverá momentos em que eles realmente passarão por cima de você e tomarão em vez de doar. Todos nós fazemos isso todo dia. O objetivo é desenvolver uma atitude em relação à vida que seja mais doar do que tomar.

Seja o que for que você fizer, lembre-se: *você não precisa ser uma mãe perfeita*. De fato, você será uma mãe mais eficiente se puder perceber quão imperfeita você realmente é! Nem mesmo a Disciplina da Realidade funcionará perfeitamente todas as vezes. Se você conseguir aprender a relaxar e a aceitar as calamidades e colisões frontais com a realidade, seu nível de estresse diminuirá e permanecerá baixo.

Obviamente, a pessoa que mais precisa da Disciplina da Realidade é *você mesma*. Mas você não ajudará a si mesma na disciplina pessoal de redução de estresse se tentar ser uma supermãe. No próximo capítulo apresentarei a você algumas supermães e darei algumas sugestões sobre como se tornar uma "mãe mediana e comum" que talvez nem sempre tenha tudo perfeito, com todos os fios de cabelo no lugar, mas que, ao mesmo tempo, é feliz em ser mãe porque sabe onde estão todas as coisas — especialmente suas prioridades.

CAPÍTULO 8

Socorro! Virei motorista de táxi!

Supermãe encontra o inimigo, e "ele sou eu"

Conheça Marge, que chega à sua primeira sessão de aconselhamento com os três filhos a reboque. Qual é o problema dela? As crianças são incorrigíveis, e ela está exausta. Marge tem aquele certo olhar, de modo que perguntei em quais atividades seus três filhos estão envolvidos além da escola.

"Bem, Stephanie está com 13 anos e joga *softball*, tem aulas de balé e sapateado e também é bastante ativa no grupo de jovens da igreja. Bobby tem 11 anos e atualmente joga na liga infantil de beisebol; no outono, joga futebol. Também faz aulas de guitarra, é escoteiro e, na semana passada, começou a jogar boliche com o time da igreja. Kristi tem 9 anos, é bandeirante e faz aulas de ginástica. Também estou pensando em colocá-la nas aulas de piano quando completar 10 anos, mês que vem. Como os nossos outros filhos, ela tem bastante tino para a música."

Marge é o tipo de mãe que chamo de "mãe taxista". Ele está sempre ocupada, levando seus filhos de carro daqui para ali e de volta para lá, depois cruzando a cidade inteira novamente. Se juntarmos todas as atividades dos filhos de Marge com as próprias atividades dela — presidente do clube de senhoras e diaconisa na igreja (ela também faz aulas de pintura decorativa uma noite por semana) —, teremos o que se pode educadamente chamar de "uma situação além dos limites". Para resumir, Marge e seus filhos estão se desgastando.

A seguir, conheça Elaine, 31 anos, mãe de dois filhos pequenos, gerente administrativa em tempo integral de uma grande indústria.

Não havia dúvida de que Elaine fosse competente, mas durante nossa conversa detectei a agitada personalidade Tipo A que nunca relaxava e estava sempre impaciente — tudo tinha de ser perfeito. Elaine vinha a todas as sessões com uma lista de coisas sobre as quais queria conversar, e sempre ficávamos sem tempo. Nunca cobrimos tudo o que ela queria discutir. Ocorreu-me que ela provavelmente fazia a mesma coisa no escritório e em casa.

Perguntei se ela era viciada em listas, e ela admitiu: "Sim, muitas listas". Ela chegava a ter listas para encontrar suas listas. Muitas e muitas listas faziam parte da vida de Elaine. Perguntei se ela se importaria de me trazer uma de suas típicas listas de "coisas a fazer" em nossa próxima sessão de aconselhamento. Ela disse que não haveria problema algum e, com toda a certeza, na semana seguinte começamos a sessão olhando a relação de "coisas a fazer" de Elaine para aquele mesmo dia.

Dei uma boa olhada na lista, que me pareceu absurdamente longa.

— Diga-me uma coisa. Esta é a sua lista de coisas para fazer *hoje*?

Elaine concordou com a cabeça, e então perguntei:

— Quais são as chances de você cumprir todos esses itens hoje?

— Ah, nenhuma. Não há como eu cumprir toda essa lista.

— Então por que você coloca o título, bem no topo, "Coisas a fazer hoje"?

— Humm, realmente não sei — foi tudo o que Elaine conseguiu dizer.

Vamos deixar Elaine por um instante e conhecer mais outra mãe, que tinha um filho de 3 anos e outro a caminho. Quando Dolores me procurou, ela apresentava todo tipo de sintomas físicos: dores de cabeça severas, cansaço constante, dores ocasionais nas costas e zumbido no ouvido. Seu médico havia chamado aquilo tudo de "hipertensão".

— Por que você me procurou?

— Porque me sinto muito culpada. Estou tão fatigada e frustrada que me sinto ressentida por ser mãe. Ressinto-me de ter largado o emprego que tinha antes da chegada de Billy. Agora tenho outro filho a caminho e me sinto mal com isso.

— E todo esse ressentimento é o que a faz sentir-se culpada?

— Sim; eu não deveria me sentir culpada. Não deveria me ressentir de ser mãe; deveria ser feliz por ter sido abençoada com um menino saudável e porque a gravidez está correndo bem. Mas fico irritada, perco o controle com Tom e choro à toa. Um dia desses chorei porque não consegui encontrar geleia de hortelã no mercado.

— A fadiga pode deixar qualquer um irritável — comentei. — Existem outras razões para o fato de você estar tão descontrolada?

— Bem, quando Billy nasceu, comprometi-me a ser a *melhor* mãe que eu pudesse ser. Queria fazer tudo certo. Queria estar ao lado dele quando desse os primeiros passos. Por isso deixei o emprego. Já li praticamente todos os livros sobre criação de filhos que há no mercado. Simplesmente sei que não estou fazendo tudo tão bem quanto poderia. Eu deveria ser uma mãe melhor, mas estou tão *cansada*.

A SÍNDROME DA SUPERMÃE É PRATICAMENTE UNIVERSAL

Assim, aqui estão elas: Marge, a taxista; Elaine, a fazedora de listas; e Dolores, a hipertensa cheia de culpa porque "deveria fazer um trabalho melhor". O que essas três mulheres têm em comum? Nós mesmos poderíamos fazer uma lista, mas eu gostaria de resumir tudo a um problema básico: todas elas sofrem do que chamo de "síndrome da supermãe", uma condição familiar à maioria das esposas e mães em um grau ou outro.

Na verdade, meu pressentimento é que todas as mães têm tendência a se tornar supermãe — aquele anseio de entrar numa cabine telefônica (mais provavelmente será o armário de vassouras da despensa) e sair como uma "supermulher", que leva seus filhos para a escola mais rapidamente do que qualquer ônibus e que é mais forte que qualquer homem quando chega a hora de limpar uma sujeira no meio da noite. É aquela que, com um único pulo, salta por cima de problemas insuperáveis — ao mesmo tempo que ama e protege sua família.

E quanto tempo vai durar a supermãe? Tanto quanto durarem suas energias. As ideias de Hans Selye (o pioneiro pesquisador do estresse sobre quem falamos no capítulo 2) sobre energia são particularmente apropriadas às mães. Sempre que sofremos estresse, passamos por aquilo que Selye chamou de síndrome da adaptação geral, na qual os dois primeiros estágios são o alarme e a resistência. Como vimos no capítulo 2, quando ficamos alarmados por qualquer coisa que possa produzir medo, pressão ou tensão, nossa adrenalina começa a fluir, e ficamos prontos para resistir. Nos termos clássicos de Selye, normalmente tentamos "bater ou correr". Tudo isso exige aquilo que Selye chamou de "energia de adaptação". O interessante em relação à nossa energia de adaptação é que *ela é limitada*. Temos apenas determinada cota, e, quando ela se vai, entramos no terceiro estágio da síndrome da adaptação geral: a exaustão.

Quando mães como Marge, Elaine e Dolores me procuram, estão todas bem no meio do estágio da exaustão. De fato, estão a caminho daquilo que hoje se popularizou como *burnout*. Em um excelente livro intitulado *Parent Burnout* [*Burnout* entre os pais], Joseph Procaccini se aproxima muito de Selye quando diz que o recurso mais precioso que alguém pode ter como pai ou mãe é a sua energia, mas *essa energia é limitada*. Para evitar o *burnout*, você precisa controlar — e conservar — seu suprimento pessoal de energia.[1]

De acordo com o dr. Procaccini, a supermãe que está fadada a ter um *burnout* apresenta as seguintes características:

- Tem uma lista de *deveres* que não se pode realizar. (Lembra-se de Elaine, a fazedora de listas?)
- Sente-se responsável por coisas que possam acontecer aos membros de sua família, muito embora não tenha controle sobre esses eventos (em outras palavras, sente-se assolada pela culpa, como Dolores se sentia).
- Trata tudo o que acontece como "assunto de segurança nacional" — uma questão importante, absolutamente crucial.

A última característica é chamada de "crucialização" — preocupar-se demais com decisões a serem tomadas, de modo a atribuir-lhes uma importância tal que atinge níveis completamente fora de proporção. A mãe se questiona se deveria ter amamentado por mais tempo, lido mais histórias para o filho, ouvido por mais tempo, esperado mais antes de voltar a trabalhar, e assim por diante.[2]

POR QUE TODAS AS MÃES TÊM TENDÊNCIA AO *BURNOUT*

Todas as três características apresentadas anteriormente mortais. Mas talvez a mais perigosa seja o clássico sentimento da supermãe de que ela é a responsável pela felicidade e pelas realizações de todos em sua família. Sentir-se responsável por coisas sobre as quais não se tem controle é garantia de enorme estresse. Para colocar a questão nos termos de Selye, você esgota sua energia adaptativa rápido demais e logo se vê exausta ou "esgotada" (do inglês *burned out*).

Uma cliente me disse: "Sinto-me tão responsável. Sinto-me responsável até mesmo pelo tempo chuvoso que tivemos aqui quando meus parentes lá do leste vieram nos visitar!".

Entendo que algumas mães dirão: "Não sou desse tipo. Não tenho os problemas de Marge, Elaine e Dolores, mas, ainda assim, sinto-me cansada e frustrada em grande parte do tempo".

Minha resposta é que existe uma multidão de maneiras de sofrer da síndrome da supermãe. Creio que existe uma conspiração vil contra toda mulher que se torna mãe. Pela própria natureza da tarefa, ela apresenta tendência ao *burnout*. Considere sua descrição de cargo: plantão 24 horas por dia, 7 dias por semana, durante 18 anos (ou mais).

Simplesmente pergunte aos filhos. Eles sabem instintivamente que mamãe é muito mais bem equipada para satisfazer suas necessidades do que o papai.

Ninguém é tão macio e aconchegante quanto a mamãe.

Ninguém é tão compreensivo como a mamãe.

Ninguém consegue consertar coisas ou encontrar coisas perdidas como a mamãe. Não é que as crianças tenham alguma coisa contra o papai — elas simplesmente sabem aonde ir quando a corda aperta.

Eu mesmo já experimentei o fenômeno de sentar-me exatamente ao lado de meus filhos enquanto eles choravam por Sande, dizendo: "Mamãe, onde estão meus sapatos brancos? Cadê minha escova verde de cabelo?".

Será que as crianças não veem a mim, o pai? Claro que sim. Mas, por alguma razão, elas sabem intuitivamente que mamãe é a única com quem devem falar sobre esses assuntos urgentes.

E, é claro, mamãe responde. Não é surpresa que mamãe seja tentada a fazer tudo; de um jeito ou de outro, ela acaba fazendo a maioria das coisas.

A SUPERMÃE VAI ÀS COMPRAS

Recentemente, enquanto eu terminava este livro, vi em nossa família um exemplo simples, mas poderoso, de supermãe. Viajamos da cidade de Tucson até Phoenix para passar o fim de semana; tínhamos vários objetivos em mente. Sou um fã totalmente dedicado de todas as equipes esportivas da Universidade do Arizona e queria ver os Cats arrasarem no campeonato estadual. Sande queria fazer algumas compras num *outlet* especialmente famoso que tinha excelentes ofertas em roupas. As crianças queriam simplesmente passar bons momentos na piscina do hotel e em qualquer outro lugar ao qual tivessem oportunidade de ir.

Chegamos na sexta-feira à noite e vimos os Cats perderem um ótimo jogo por 12 a 9. Na manhã seguinte, Sande, Holly (nossa filha mais velha) e eu fomos às compras. Não descreverei o dia em detalhes. Tudo o que direi é que Sande acabou com as minhas pernas. Passamos pelo que, para mim, pareceram umas doze lojas antes de chegar ao famoso *outlet*. Quando chegamos ali, no final da tarde, eu implorava por misericórdia. Sande continuava dizendo: "Só mais cinco minutos".

Cinquenta e cinco minutos depois, arrastei-me pela porta atrás dela, tentando olhar por entre os pacotes e encontrar o carro. Ela procurou incansavelmente por todo tipo de desconto em roupas infantis e também escolheu diversas camisas para mim. (Por que deixo que ela escolha as minhas camisas? Porque sou tão daltônico quanto um cacto.)

Nossa expedição de compras em Phoenix é uma simples ilustração de como a mesma experiência pode ser engraçada e benéfica para uma pessoa e desagradável e estressante para outra. Durante as compras, eu e minha esposa gastamos determinada parcela de nossa energia adaptativa; porém, Sande estava debaixo de estresse suficiente para realizar seus objetivos e divertir-se fazendo aquilo.

Nós nos apressamos naquela manhã para ter certeza de que terminaríamos tudo o que estava em nossa lista. (Sim, realmente fizemos uma lista.) E conseguimos (a não ser por não conseguir encontrar a roupa de banho certa para Holly). Sande usou um pouco de sua energia de adaptação, mas se divertiu. Ela ficou dizendo o dia inteiro: "Adoro comprar!". E para quem ela estava comprando: Kevin, Krissy, Holly, Hannah, Lauren — e eu. Ela ama sua família e adora gastar tempo e energia conosco.

Como Selye destaca, não há sentido em acumular energia e não usar nada dela. A vida exige que nos coloquemos sob algum estresse, senão não realizaremos nada e não teremos nenhuma diversão. Nas palavras de Selye:

> Em termos de energia de adaptação consumida pelo estresse da vida, o segredo do sucesso não é evitar o estresse e, então, viver uma vida monótona e enfadonha, situação em que nossa riqueza não nos traria nenhum bem, mas aprender a usar nosso capital sabiamente, para obter a máxima satisfação pelo menor preço.[3]

Assim, nossa viagem a Phoenix exemplifica como Sande gastou sua energia sabiamente e obteve o máximo de satisfação enquanto o fazia. Ela teve um ótimo fim de semana porque fez algo que aprecia. Quanto a mim, o fim de semana não foi tão agradável. Os Cats perderam dois jogos de um total de três realizados contra nossos arquirrivais, os Arizona State Sun Devils. As compras me exauriram e, no caminho para casa, algumas peças de nosso carro apresentaram problemas.

"MUITO BEM, SR. FAMOSO, LEVE O LIXO PARA FORA"

Nossas aventuras durante o fim de semana em Phoenix foram simplesmente um pequeno vislumbre de como a vida pode ser um desafio agradável ou um obstáculo estressante. Sande pode comprar durante todo o dia; eu fico exausto em 75 minutos. Felizmente, não estou de plantão para ir às compras com muita frequência. Quando voltamos para Tucson, eu também não estava à disposição para fazer mais compras, planejar o jantar, levar Holly para o grupo de jovens, colocar mais roupas para lavar, levar Krissy para o treino de *softball*, entregar alguma coisa para o grupo de mulheres e garantir que Kevin chegasse ao jogo da liga infantil de beisebol. Muito embora tentemos limitar a participação de nossos filhos a uma ou duas atividades especiais cada um, a agenda da supermãe também se acumula no caso de Sande.

Diante de toda essa discussão sobre a agenda apertada de Sande, você pode ficar pensando se o dr. Leman dá alguma ajuda em casa. Bastante, por sinal. Se eu não der, ouvirei citações de meus outros livros em termos bastante claros. Ser autor tem lá seus momentos de entusiasmo e até de grandeza, mas minha família não fica assim tão impressionada. Não há nada como encerrar uma ligação telefônica na qual dei uma entrevista para um programa de rádio ou voltar para casa de uma viagem que fiz para participar de um programa de entrevista em rede nacional e ouvir Sande dizer: "Muito bem, sr. Famoso, leve o lixo para fora agora mesmo".

O que quero dizer é que, ainda que eu tente dar uma mão em casa, Sande ainda enfrenta a síndrome da supermãe e a ameaça constante do *burnout*. Como qualquer outra mãe, às vezes ela tem "uma semana daquelas". A maioria das mulheres consegue lidar com esse tipo de estresse vez ou outra, mas, quando o estresse se acumula, suas baterias descarregam, a exaustão se instala e o resultado pode ser o *burnout*.

Uma mãe com a qual conversei definiu resumidamente o estresse assim: "Sentir que eu simplesmente não posso ser tudo para todos".

Outra esposa, que obviamente não tinha tanto apoio do maridão, chegou ao ponto em que disse, cansada: "Basicamente, sou a única que trabalha em casa. Sinto-me responsável por outros três humanos" (seu marido e duas crianças, com 9 e 5 anos).

O MAIS MORTAL DE TODOS OS INIMIGOS

No capítulo 4 falamos sobre os seis maiores estressores na vida de uma mulher: filhos, agenda sobrecarregada, marido, falta de dinheiro, serviço de casa e trabalho fora do lar. Até aqui falamos bastante sobre lidar com os filhos, assim como com maridos que não se envolvem muito com as coisas de casa. Mas talvez o mais mortal de todos os inimigos, especialmente para as supermães que estão seguindo pela estrada do *burnout*, seja a agenda sobrecarregada.

Muitas mulheres que aconselho são como Elaine, a fazedora de listas que vimos há pouco. Essas pessoas são "perfeccionistas desanimadas ou derrotadas". Parecem que saem por aí carregando consigo uma pequena vara que chamo de "barra de salto em altura da vida". A impressão que se tem é a de que elas nunca são capazes pular alto o suficiente para passar por cima daquela barra.

Sim, há momentos em que essas mães dão um impulso fenomenal e conseguem passar por cima da barra, mas, depois, sabe o que acontece? Elas colocam a barra numa posição ainda mais alta! Por quê? Porque sabem que "poderiam ter feito melhor". Elas erguem a barra um centímetro ou talvez dois? É claro que não; em termos figurativos, elas erguem 10 ou 15 centímetros, o que, em geral, significa garantir que vão fracassar, ou pelo menos que terão mais e mais estresse à medida que tentarem pular ainda mais alto.

Vejo muito desse comportamento derrotista nas Elaines norte-americanas. A ironia é que essa tendência perfeccionista geralmente pode ser percebida desde cedo. Vejo isso na criança que dá início a diversos projetos, mas não termina nenhum deles. Ou, pior ainda, aquela criança que não inicia nenhum projeto. Em vez disso, ela se afasta de qualquer tipo de competição ou pressão. Ela literalmente diz a si mesma: "Tenho medo de falhar; tanto medo que não vou tentar nada e, assim, me protegerei contra falhas". Então, ela conta a si mesma outra mentira, que soa mais ou menos assim: "Bem, eu poderia ter feito isso, mas não tinha vontade de fato. Se eu tivesse tido mais tempo, sei que poderia ter realizado um grande trabalho".

Esse tipo de pessoa costuma crescer e se tornar bastante crítica. Refiro-me a essas pessoas como "pegadoras de falhas da vida". Elas conseguem detectar uma falha a cinquenta metros de distância e costumam ocupar cargos como o de controladores de qualidade em linhas de montagem. Ser um pegador de falhas pode ser algo muito valioso se você está num cargo que exige a precisão de um perfeccionista.

Contadores, engenheiros, secretárias executivas e outros, por exemplo, são pagos para encontrar falhas ou evitá-las. Contudo, quando eles levam essa natureza crítica e perfeccionista para casa, pode surgir confusão. A esposa que encontra falhas em seu marido logo o verá encontrando falhas nela. E a mãe que encontra falhas em seus filhos costuma acabar no meu consultório perguntando-se por que seus filhos são tão críticos e difíceis de convivência.

Mães que carregam o fardo da personalidade derrotista e perfeccionista realmente não precisam de quaisquer inimigos na vida porque dentro de sua própria pele já têm todos os inimigos com os quais conseguem lidar. A supermãe perfeccionista poderia facilmente ser surpreendida dizendo "Encontrei o inimigo, e ele está dentro de mim!".

Outras características indicativas de uma perfeccionista incluem falta de capacidade de delegar responsabilidade, não conseguir dizer "não" e sentir-se subjugada pela situação como um todo.

QUE TIPO DE PERFECCIONISTA VOCÊ É?

Já aconselhei muitas supermães que parecem não conseguir se livrar de algumas responsabilidades. Elas reclamam amargamente de sua carga de trabalho, mas, se delegarem tarefas — ao marido, aos filhos ou possivelmente a outro membro da família ou a amigos —, elas tendem a permanecer por cima do ombro dessas pessoas, verificando o que fazem e como fazem. As perfeccionistas têm uma enorme necessidade de fazer tudo e certificar-se de que tudo está "certo". Planejam em excesso e rapidamente se afundam por ter peso demais sobre si.

Essa perfeccionista do tipo "faz tudo sozinha" tende a ser uma agradadora — ela precisa que todo mundo goste dela. Quer ser todas as coisas para todas as pessoas. Uma habilidade que ela praticamente não tem é a capacidade de dizer "Não, eu não posso".

Infelizmente, essa perfeccionista agradadora costuma se sentir subjugada pela situação geral. Ela não consegue entender que toda e qualquer coisa que existe — desde uma linda catedral a uma churrasqueira no quintal — é construída um tijolo por vez. Esse tipo de perfeccionismo a chicoteia às 7 horas da manhã com sua "lista de coisas a fazer" e a deixará sobrecarregada porque "não há como fazer tudo isso hoje!".

O oposto da perfeccionista agradadora é a *workaholic* estressada cujo estilo de vida é estritamente o de uma controladora. Sempre que ouvimos a palavra *workaholic* costumamos pensar em homens, mas vejo cada vez mais mulheres se encaixando na descrição. A *workaholic* parece vicejar em meio à competição — especialmente consigo mesma. Ela costuma ser motivada pela culpa e sempre tem uma necessidade de controlar, vencer e ser a chefe.

Esse tipo de supermãe é especialista em fazer muitas coisas ao mesmo tempo. Ela lê o jornal, confere o talão de cheques e devora o almoço, tudo dentro dos mesmos quinze minutos. A agenda domina a vida dessa mulher, que vive para completar todos os itens de sua lista de "coisas a fazer".

Como vimos no caso de pessoas como Elaine, há itens demais naquela lista, nunca executada completamente. Uma linha de vida que as perfeccionistas comumente adotam para si mesmas baseia-se no pensamento do tipo "tudo ou nada", algo que as faz dizer coisas mais ou menos assim: "Fiz tudo na minha lista, exceto dois itens. Fracassei de novo!".

Outra possibilidade é a de as perfeccionistas generalizarem de forma exagerada, especialmente quando cometem erros. Uma frase típica que a perfeccionista dirá a si mesma quando fizer uma bobagem é: "Estou sempre fazendo besteira. Nunca vou conseguir acertar".

A terceira frase favorita da perfeccionista sempre contém a palavra *deveria*, sobre a qual já conversamos. A perfeccionista vive debaixo da "tirania do deveria". Sempre que não consegue cumprir um objetivo ou comete um erro, ela não pergunta a si mesma "O que posso aprender com isso?" ou "Como posso evitar este problema da próxima vez?". Em vez disso, ela diz: "Eu deveria saber. Eu deveria ser capaz de lidar com isso. Não ouso fazer isso de novo!".

Não importa se você é uma perfeccionista agradadora, uma *workaholic* ou uma perfeccionista controladora: essas são maneiras estressantes de viver. Nem todas as supermães são perfeccionistas, mas conheço muitas que mostram diversos sinais desse tipo de comportamento. Estão debaixo de enorme estresse e culpam a agenda, os filhos, o marido, o trabalho e assim por diante. Na verdade, elas deveriam culpar a si mesmas.

Em geral, tal comportamento acaba nos alcançando mais cedo ou mais tarde. Ele me alcançou, e vou falar sobre isso no capítulo 11. A questão é: não podemos tratar nosso corpo como se ele fosse uma máquina. Repetindo o princípio de Selye, temos apenas uma cota de energia adaptativa. Quando ela acaba, *acaba*.

Não faria mal algum a muitos de nós dizer algo como isto a cada manhã: "Seja bondoso consigo mesmo hoje. Não se curve, não se feche, não se dobre nem se mutile!".

COMO ABAIXAR A BARRA E DIMINUIR O ESTRESSE

Meu conselho a todas as supermães e (pais) é abaixar a barra do salto em altura da vida e desistir de forçar a si mesmas na constante tentativa de estabelecer um novo recorde. De fato, sugiro que você pare de buscar o "super" e se contente com o "satisfatório" ou talvez "acima da média". Isso não apenas reduzirá grandemente o estresse, como também aumentará a eficiência geral e o bem-estar. A seguir apresento algumas sugestões básicas que têm um histórico positivo de sucesso entre minhas clientes.

Já conversamos sobre o segredo básico para evitar o estresse: estabelecer prioridades (veja o capítulo 5). Também acredito que toda mãe — particularmente aquela que trabalha fora de casa — precisa tornar-se hábil em três aspectos adicionais:

1. Envolver-se em menos coisas na vida.
2. Aprender a dizer "não" com alegria e sem culpa.
3. Não tentar agradar todo mundo.

Obviamente, esses três aspectos estão ligados de modo definitivo àquela "calculadora de prioridades" que mencionei no capítulo 5. Perceba como cada uma das três dicas se apoia uma na outra. Sua primeira dificuldade é parar de ser escrava da lista de "coisas a fazer" e da agenda.

Se você se conscientizar de que precisa diminuir as atividades e envolver-se menos com as coisas, os outros dois passos serão muito mais fáceis. Assim que você se comprometer a fazer menos, dizer "não" deixa de ser tão difícil. De fato, você terá de dizer "não" se quiser colocar em prática a intenção de cortar atividades.

Assim que aprender a dizer "não", você terá muito menos dificuldade para aprender que é impossível agradar a todos. Você conseguirá viver mais feliz com a percepção de que não é necessário que todo mundo neste planeta goste de você.

COMO MARGE LIMPOU SUA "SUPERAGENDA"

Para ilustrar como tudo isso pode funcionar, voltemos a Marge, a supermãe que passava o ano inteiro dirigindo seu táxi mini*van* de um lado para outro da cidade, rebocando os três filhos para três ou quatro compromissos cada um. De fato, já vi pais em situação pior que a de Marge. Aconselhei famílias nas quais cada filho estava envolvido em até seis atividades: natação, aula de flauta, aula de piano, computação, inglês, pintura — seja lá o que for. As crianças parecem querer isso, e as supermães obedientemente conduzem sua mini*van* para a próxima atividade.

Sabe qual foi meu conselho para Marge — que estava não apenas perdendo toda a sua energia, mas que também começava a sentir o aperto financeiro em razão de tudo aquilo em que as crianças estavam envolvidas?

— Faça que todo mundo abrace menos coisas na vida — eu lhe disse. — Diga a cada filho que reduza suas atividades, de três ou quatro para apenas uma, talvez duas, no máximo.

Assim que ouviu isso, Marge suspirou.

— Eles vão ter um chilique! — protestou ela.

— Oh, eles vão espernear, tudo bem — reconheci. — Mas simplesmente lhes diga que não podem ir à Disneylândia todo dia. As crianças simplesmente não podem fazer todos os passeios que desejam na vida. Não é bom para elas. Elas precisam de estrutura e de limites. Além disso, não é bom para você. Se você não estabelecer alguns limites, vai ficar maluca, e em pouco tempo.

— Mas como vou dizer isso a eles? — queixou-se ela.

— Bem, estamos prestes a começar um novo semestre escolar, daqui duas ou três semanas. Simplesmente anuncie agora que, no semestre que vem, elas só poderão se envolver em duas coisas cada uma, no máximo. Isso lhes servirá de aviso e lhes dará tempo para decidir quais atividades escolher.

Marge saiu murmurando.

— Como isso pode levar a menos estresse? Parece que isso vai gerar *mais* estresse para mim!

Mas ela aceitou meu conselho e fez o anúncio. Naturalmente, as crianças reagiram conforme esperado. Elas se pareciam com o bando de coiotes que costumamos ouvir uivando à noite atrás de nossa casa aqui em Tucson. Os pequenos filhotes de Marge não gostaram nem um pouco das notícias que ela trouxe. Eles achavam que tinham direito de fazer todas as coisas maravilhosas que faziam antes.

Sim, é verdade que as primeiras salvas de uivos e reclamações das crianças foram estressantes para Marge. Com o passar do tempo, porém, aquele mostrou-se ser o tipo de estresse que acabava rapidamente e que era bastante benéfico. Quando as crianças perceberam que Marge não cederia diante da pressão delas, a vida tornou-se muito mais fácil e mais pacífica para todos.

E não apenas Marge passou menos tempo em seu táxi mini*van*; ela e seu marido passaram a gastar menos dinheiro, pois muitas das coisas que as crianças faziam eram bem caras. A filha mais jovem adorava cavalos e tinha seu próprio animal. Uma vez que a família não vivia numa área onde fosse permitido criar cavalos, era preciso mantê-lo numa fazenda a vários quilômetros de distância. Isso significava que mamãe tinha de levar sua filha de 10 anos até a fazenda praticamente todo dia, para alimentar e limpar o cavalo e também cavalgar.

Em razão da quantidade significativa de tempo e dinheiro envolvida com o cavalo, Kristi precisou decidir: ficaria com o animal e não teria mais nenhuma outra atividade, ou desistiria dele e poderia fazer duas outras coisas menos caras e que não tomassem tanto tempo.

Uma vez que Kristi adorava aquele cavalo, optou por ficar com ele e, no processo, aprendeu um pouco sobre prioridades e sobre o custo das coisas.

Talvez você ache que Marge tenha sido muito mole e não lucrado tanto assim por deixar que Kristi visitasse o cavalo cinco dias por semana. Marge estava disposta a fazê-lo porque ela própria gostava de cavalos, e a viagem frequente à fazenda era relaxante e também um bom momento para construir um relacionamento forte com Kristi.

Os dois outros filhos também precisaram se adaptar ao orçamento e só poderiam gastar seu tempo e dinheiro em duas atividades. Depois que as reclamações e as lágrimas iniciais cessaram, Marge descobriu novas possibilidades geradas pelo dinheiro extra que surgiu após o corte nas despesas. Ela conseguiu fazer que as camisas de seu marido fossem limpas e passadas na lavanderia. Dessa forma, conseguiu livrar-se de uma tarefa semanal que há muito era uma fonte de estresse.

— O senhor estava certo — disse ela em uma de nossas últimas sessões de aconselhamento no final do outono. — O novo arranjo das nossas prioridades fez uma grande diferença. Eu ainda dirijo muito por aí, mas agora as coisas estão sob controle.

Uma vez que eu sabia que Marge era uma primogênita agradadora e um pouco perfeccionista, perguntei:

— O que você tem feito com o perfeccionismo, aquele desejo de aparar todas as arestas e manter todo mundo feliz?

— Não tem sido fácil. Vem sendo especialmente difícil dizer "não" aos meus filhos, mas o senhor está certo. Se eu conseguir me manter firme e até mesmo me dispuser a sentir que eles não gostam de mim por alguns dias, tudo acaba se ajeitando. Percebo que as crianças estão mais felizes também. Começam a notar como eu estava estressada.

Concluímos o aconselhamento não muito tempo depois disso. Percebo que contar a história dela como um "tranquilo estudo de caso" faz tudo parecer muito fácil. Não foi. Eu já disse anteriormente e vou destacar a frase novamente aqui:

Acertar suas prioridades e segui-las com firmeza
é uma das tarefas mais difíceis da vida.

Hábitos são coisas difíceis de mudar; não é fácil alterar estilos de vida. Normalmente a pessoa precisa chegar ao ponto de ficar sem nenhuma energia adaptativa — atingir o estágio da exaustão na síndrome do estresse — para que se dê conta da situação e seja motivada a promover uma mudança real. Mas até que haja tal mudança, nem mesmo todas as técnicas de relaxamento do mundo resolverão o problema. Não sou contra métodos de relaxamento. De fato, eu mesmo uso vários deles, algo que compartilharei nos capítulos 9 e 10, quando falarmos sobre as mulheres que trabalham fora.

Um dos fenômenos mais impressionantes que vem ocorrendo nos Estados Unidos ultimamente é o elevado número de mulheres, especialmente o de mães, que estão saindo de casa e deixando os filhos para poder pagar as contas. Obviamente, a típica mãe trabalhadora é automaticamente forçada a desempenhar o papel de supermãe. Mas seus problemas são específicos, e precisamos analisá-los mais detalhadamente.

CAPÍTULO 9

Por que o estresse espreita a mãe que trabalha fora

"As questões vão se acumulando, não tenho controle, e as pessoas exigem 'desempenho'."

Vamos chamá-la de Nancy. Não sei qual é seu nome verdadeiro, porque ela foi uma das centenas de mulheres que responderam de maneira anônima à nossa pesquisa sobre estresse. Nancy tem 32 anos, é casada e enfrenta todas as pressões inerentes à criação de um filho de 7 anos e outro de 4. Qual é a maior fonte de estresse de Nancy? "Tentar se manter como uma família sustentada por um único salário, enquanto o padrão mundial é de dois salários."

Digo "Bravo!" a essa moça e espero que ela possa continuar com um único salário, presumindo, é claro, que esse salário seja o de seu marido e que ela esteja tentando ficar em casa para lidar com as crianças e manter o ambiente arrumado. Mas ao mesmo tempo que digo "Bravo!", percebo que ela pode estar travando uma batalha perdida. Existe um novo tipo de família por aí, caracterizada por mães que acompanham os pais no mercado de trabalho. Alguns dizem que assim é melhor, mas minha experiência em aconselhamento me diz que, em muitos casos, é pior — particularmente quando se trata de prevenção contra ataques de estresse e da doença que chamo de "maluquice".

Conforme destacado anteriormente, as estatísticas mais recentes nos dizem que 56% das mães com filhos menores de 18 anos estão trabalhando — seja em regime de meio período ou período integral. Além disso, muitas dessas mulheres são mães solteiras, ou estão num segundo ou até mesmo num terceiro casamento. As estatísticas também dizem que apenas 14% dos lares norte-americanos são "tradicionais": o casal está no primeiro casamento, papai sai para trazer o pão de cada dia e mamãe fica em casa para cuidar dos narizes que escorrem e do batalhão especializado em agarrar seus tornozelos.

Não é que cuidar do batalhão não seja um trabalho. Como uma mãe ironicamente observou, "*todas* as mães trabalham; as felizardas recebem salário!".

Quão felizardas são pode ser razão de debate, mas as realidades econômicas de hoje são inquestionáveis. Muitos lares precisam de dois provedores para simplesmente pagar as contas. Um item muito importante é a moradia. Algumas esposas saem para trabalhar para trazer dinheiro suficiente para conseguir pagar a casa nova, que custa entre 25% e 30% mais do que a conta bancária do maridão consegue pagar.

Além disso, há muitas mulheres dizendo que querem sair para o mercado de trabalho para ser "mais do que uma dona de casa". Desse modo, existem justificativas econômicas e psicológicas, mas também existem os problemas que surgem com a saída da mamãe em busca de um salário. Sou solidário com as mães que trabalham porque sei que elas se veem diante de três grandes perguntas:

1. Quem vai cuidar dos meus filhos?
2. Como posso lidar com a culpa?
3. O que fazer com a tensão em meu casamento?

É certo que muitas mães que trabalham não precisam tratar da terceira preocupação porque são solteiras. O capítulo 10 tratará sobre essa mãe, mas neste momento quero lidar com a mulher que é casada, tem filhos e trabalha em tempo integral ou parcial por qualquer combinação de razões.

Para colocar a questão em termos práticos, imagine comigo, se puder, um casal típico: Ralph ganha um salário de seis dígitos por ano numa empresa aeronáutica enquanto Betty traz para casa cerca de 70 mil dólares anuais como gerente de *marketing* de uma pequena indústria de roupas da cidade. Eles têm dois filhos, com 3 e 1 ano de idade.

A residência do casal fica em Marlborough Ranch, um condomínio fechado, é completa, com "vista para o pomar, piscina e hidromassagem, cozinha *gourmet* com grandes janelas de vidro, banheira de hidromassagem oval na suíte *master* e garagem para três carros".

O desembolso mensal, é claro, também é elevado, assim como o financiamento dos dois carros, uma minivan e um cupê esportivo. Vamos analisar as opções possíveis, especialmente as de Betty, diante daquelas três grandes perguntas.

QUEM SE IMPORTA COM MEUS FILHOS (E MINHA CULPA)?

É fascinante ver como nossa terminologia muda com o passar das décadas. Lá nos anos 1970, 1960 e talvez até antes disso, falávamos sobre "arrumar uma babá". Depois, a expressão mudou para "encontrar uma creche" ou "matricular a criança na pré-escola". Hoje, a mãe de filhos pequenos (ou até não tão pequenos assim) que quiser continuar trabalhando procura por uma "cuidadora". A ideia por trás do termo é suficientemente fácil de ser compreendida. Quando estamos fora, trabalhando, queremos que nossos filhos sejam nutridos, supervisionados e, se necessário, disciplinados de maneira ao mesmo tempo amorosa e competente. Uma cuidadora provavelmente realizará muito mais coisas do que uma babá ou uma professora de pré-escola.

Suponho que eu seja mais tradicionalista e tenho dificuldades com a maneira como nosso jargão psicológico ou sociológico se adapta às "necessidades da época" — em outras palavras, o que as pessoas pensam que querem. Já li que os "especialistas" estão sugerindo que uma mãe, ou um pai, deve tentar ficar em casa pelo menos quatro meses com uma criança recém-nascida antes de conseguir uma cuidadora e voltar ao trabalho. Uma razão para não voltar imediatamente ao trabalho é a necessidade de criar um "vínculo" entre a criança e a mãe.

Vínculo é um termo psicológico que descreve a construção de certos elos emocionais invioláveis entre mãe e filho. Creio que o vínculo de fato seja criado, mas tenho meu próprio termo para a ideia de que em quatro meses é possível criar um vínculo com um filho e, então, sair pela porta da frente, pasta executiva na mão, confiante de que tudo está bem. Minha descrição técnica para esse tipo de pensamento é "Bobagem!". Você não cria vínculo com uma criança em quatro meses. Você constrói elos com seus filhos durante toda a infância deles, atravessando a adolescência.

Diante disso, a pergunta óbvia é esta: você consegue voltar a trabalhar e ainda ser bem-sucedida na construção de fortes elos emocionais por meio dos vínculos criados com seu filho? Minha resposta é "sim", se você se esforçar nisso — e bastante. A mãe que trabalha fora pode ter de depender de alguém para dar ao seu filho o cuidado de todos os dias, mas ela nunca depende da cuidadora para se tornar "mãe" de seu filho. A maioria das mães sabe disso instintivamente, e é por isso que elas enfrentam tamanha dificuldade com a culpa quando o trabalho as tira de seu ninho e deixa sua ninhada nas mãos de outra pessoa. Pode soar melhor chamar essa pessoa de cuidadora, mas mamãe ainda sofre por dentro quando pensa que vai perder aqueles doces momentos, como os primeiros passos do bebê, ou que não estará presente para lidar com aqueles momentos menos dourados em que a realidade chama por alguma disciplina.

Existem muitos livros por aí sobre "como conseguir tudo, ainda que você trabalhe fora e seja solteira". Mas o que acontece nas manhãs em que, à medida que você se dirige à porta, seu filho tem aqueles ataques e lhe olha com olhos mortiços para então dizer: "Mamãe, não vá. Não estou me sentindo bem"? Não há livro que consiga desatar os nós do estômago da mãe em momentos assim.

A solução simples para isso, é claro, é ligar para o escritório e dizer: "Não vou trabalhar hoje; meu filho está doente". Se você está na parte superior do totem, isso pode funcionar. Se não estiver numa posição tão elevada assim, você pode ser demitida e, ainda que diga ao seu chefe "Meu filho está doente", você ainda luta com os sentimentos de culpa. Você não está seguindo no mesmo ritmo das outras mulheres do escritório, que também estão ali "apesar de tudo". O fato é que algumas delas podem estar de olho no seu cargo! Você não quer que seu chefe a veja como uma funcionária na qual não se pode confiar para aguentar o tranco porque está "comprometida" com os filhos.

Apenas como um aparte, permita-me dizer que o ambiente de trabalho ainda precisa se ajustar à mudança no modelo familiar. Pais que trabalham ficariam menos estressados se pudessem se beneficiar de inovações como horário flexível, licenças-maternidade e licenças-paternidade mais extensas, creches e escolas maternais disponíveis no local de trabalho.

A HIDROMASSAGEM REALMENTE VALE A PENA?

É fácil colocar a mãe trabalhadora de lado e deixá-la espetada nos chifres de sua culpa. Mas quais respostas práticas ela poderia usar para impedir o estresse ou lutar contra ele? Tenho três sugestões:

1. prioridades
2. Prioridades
3. PRIORIDADES

Primeiramente, sugiro que a mãe trabalhadora pegue sua calculadora de prioridades e analise até que ponto seu trabalho é necessário neste exato momento em que as crianças são pequenas. A piscina e a banheira de hidromassagem valem realmente a pena? Existe alguma maneira de economizar em roupas, entretenimento, carros e ficar em casa pelo menos durante esses anos cruciais, quando a personalidade, a linha de pensamento e o estilo de vida estão sendo formados?

Algumas mães estão fazendo isso. Três delas foram descritas num artigo da revista *Redbook*, que perguntou às leitoras o que elas achavam de uma mulher que acredita que deve ficar em casa com seu filho, a despeito da desaprovação do marido e de amigos. Sandra, 36 anos, por exemplo, deixou de lecionar para uma classe de 25 crianças a fim de que pudesse passar mais tempo com seus dois filhos.

Os ataques e chiliques dos filhos diminuíram imediatamente, e a filha parou de molhar a cama, mas o marido se ressentiu da perda do salário da esposa e de ter sobre seus ombros toda a carga do sustento da família. Ele começou a lhe dar alguns cutucões dolorosos, como "Alguém precisa ganhar algum dinheiro por aqui". Embora pudessem falar sobre isso, a tensão permaneceu, e Sandra ainda achava que o marido via sua saída do emprego como fuga de um problema.[1]

Não seria ótimo se algumas reformas tributárias favoráveis às famílias fossem instituídas em nosso país? Algum tipo de crédito de impostos para mães que não trabalham (fora de casa), algo que recompensasse essas mulheres — e, no longo prazo, sua família.

Uma de minhas clientes não parou totalmente de trabalhar, mas de fato colocou as prioridades em ação para resolver seus problemas. Lucy, 34 anos e mãe de Lisa, de 12, assumiu um trabalho de meio período que pagava bastante bem, mas implicava trabalhar durante a tarde, quando Lisa chegava da escola. Para economizar nos custos de uma cuidadora, Lucy deu a Lisa a chave de casa e permitiu que ela ficasse sem a supervisão de um adulto à tarde. Embora se sentisse um pouco culpada por não estar presente em casa quando sua filha voltasse da escola, Lucy disse a si mesma: "Lisa é madura; ela consegue lidar com isso".

As coisas mudaram, porém, no dia em que Lisa foi pega roubando produtos de uma loja. Lucy pegou sua calculadora de prioridades e fez alguns cálculos rápidos. Sentiu que precisava trabalhar porque não podia ficar presa em casa o dia inteiro. Mas o fato de sair de casa não valeria a pena se isso significasse deixar a filha sozinha, podendo se meter em alguma encrenca. Lucy pediu demissão de seu emprego bem remunerado de meio período e arrumou outro que pagava muito menos, mas que lhe permitia chegar em casa quase uma hora antes de Lisa, todos os dias.

A história de Lucy ilustra como uma simples mudança pode resolver um problema estressante. Mas é surpreendente perceber que muitas mães não vão mudar. Elas preferem continuar trazendo seus filhos a mim para que possa "consertá-los". O que precisa de conserto é os calculadores de prioridades dos pais. Mudar de emprego ou alterar a agenda pode não ser fácil, mas não é tão difícil quanto receber uma ligação da delegacia que ouvir alguém dizer: "Sra. Jones? Estou com sua filha aqui na cela porque ela foi pega roubando uma loja. A senhora poderia vir até aqui imediatamente?".

CURSO BREVE SOBRE COMO ESCOLHER UM CUIDADOR

As histórias de Sandra e Lucy ilustram algumas opções a serem consideradas por mães que trabalham. Mas o que acontece com a mulher que trabalha e não pode deixar seu emprego ou mudar para outro cujo horário seja mais conveniente? A prestação da casa não vai desaparecer — sua casa não terá piscina ou hidromassagem, mas você ainda terá de ajudar seu marido a pagar aquelas contas.

Digo que a resposta ainda está nas prioridades. Se você precisa realmente de uma cuidadora, faça de sua principal prioridade conseguir uma que seja muito boa. Quanto melhor for a cuidadora, menos culpa você sentirá.

No excelente livro *Prime-Time Parenting* [Criando filhos no horário nobre],[2] de Kay Kuzma, planejado especialmente para famílias nas quais tanto mamãe quanto papai trabalham, ela inclui uma ampla discussão sobre como encontrar a melhor cuidadora para um filho. Kuzma lista os prós e os contras de várias alternativas relacionadas ao cuidado com a criança. Por exemplo:

- Uma funcionária doméstica ou um parente que more em casa, desde uma arrumadeira até uma aluna de pós-graduação que ajude você em troca de um quarto e refeições.
- Uma babá que venha até sua casa, o que é especialmente bom se você tiver filhos menores que não gostam de situações novas.
- Uma mãe que tem uma "creche em domicílio", ou seja, que possua habilitação para cuidar de certo número de crianças em sua própria casa.
- Uma situação não oficial na qual você pode deixar seu filho na casa de uma amiga ou de um parente que cuidará dele.
- Outra mãe que possa trocar serviços de babá com você.
- Uma situação envolvendo um grupo, que pode ser qualquer coisa entre um jardim de infância e uma pré-escola, incluindo uma creche.
- Um grupo voltado ao cuidado de crianças — o mesmo que a troca de serviços com outra mãe, só que em maior escala.

- Um grupo de entretenimento de crianças, no qual você se une a cinco ou seis outras mães que desenvolvem atividades de manhã ou à tarde com os filhos, alternando a casa em que a reunião é realizada a cada dia ou semana. Assim, uma das mães fica encarregada de todas as crianças enquanto as outras mães têm algumas horas livres. (Esta abordagem, porém, não serve de muita ajuda para a mãe que trabalha.)
- Uma cooperativa de jardim de infância ou creche dirigida por pais, o que significa que cada pai ou dupla deve contribuir com certo número de dias de trabalho ou se voluntariar para ajudar em outros serviços. (Mais uma vez, não é muito útil para pais que trabalham.)[3]

No capítulo intitulado "Compartilhamento das responsabilidades de cuidado da criança", Kay Kuzma inclui uma relação de itens a serem avaliados antes de se optar por uma ou outra creches; a lista contém alguns excelentes requisitos e padrões pelos quais você deve procurar. Em minha opinião tendenciosa, o melhor tipo de cuidadora é a avó capaz de dar ao seu filho o toque firme e amoroso de que a criança precisa nesse momento crítico da vida. Creio que desprezamos algo realmente maravilhoso em nossa sociedade quando não permitimos que haja mais oportunidades para que o pequenino e o idoso se juntem e satisfaçam importantes necessidades na vida um do outro. É verdade que os filhos precisam de carinho, e as pessoas mais velhas precisam se sentir necessárias.

Se as condições satisfizerem todos os envolvidos, uma avó e um avô podem ser a solução natural para os problemas ligados à pessoa cuidadora, mas perceba que eu disse "se as condições satisfizerem todos os envolvidos". Se você vive perto dos seus pais ou dos pais do seu marido, pode ser bastante tentador pedir à vovó e ao vovô que doem um pouco de tempo para cuidar da criança. Alguns pais e mães ficam mais do que felizes em ajudar uma filha ou uma nora que precisa trabalhar. Mas outros avós acham que já investiram anos suficientes na criação dos próprios filhos e que ainda têm algum tempo pela frente. Não deixe de discutir amplamente todas as implicações se você pretende usar os avós como cuidadores enquanto trabalha.

A razão de você precisar ser cautelosa com os avós é que eles vêm de outra geração, a qual teve um sistema de valores diferente. Em muitos casos de aconselhamento descubro que os avós são uma fonte básica de estresse e culpa para mães que trabalham porque "na época deles, eles não faziam coisas assim".

A cena não é desconhecida. Eis uma mãe que luta com as pressões para manter seu emprego, manter seu casamento relativamente livre de pressões, manter as crianças limpas, bem vestidas e educadas. O que vovô e vovó estão fazendo? Estão ocupados lançando — por correio ou telefone — seus arpões de desaprovação e julgamento, típicos de lá do cafundó do judas. (Algumas das *piores* ligações telefônicas que mamãe recebe são de reprovação de pais ou sogros que não podem entender por que ela precisa sair para trabalhar e deixar o pequeno Buford desamparado o dia inteiro.)

A PRINCIPAL RESPONSABILIDADE É A DE UM CÔNJUGE PARA COM O OUTRO

A desaprovação de pais ou sogros pode colocar uma tensão muito forte sobre seu casamento, que talvez já esteja cambaleando pelo fato de você precisar passar tanto tempo trabalhando fora de casa. As pesquisas mostram que mulheres realmente trabalham por mais tempo que os homens, e isso deixa menos tempo para todos em casa — especialmente para o maridão. Depois de pegar as crianças, fazer o jantar, limpar e colocar as crianças na cama, não sobra muito tempo para o romance.

Se o seu marido tem horário de trabalho flexível — suponhamos que ele venda seguros e encerre o trabalho mais cedo para praticar esportes —, pode haver grande tensão quando ele se encostar em você lá pelas 10 ou 11 da noite e perguntar: "Você não quer brincar um pouco?". Não, você não quer brincar um pouco. Você está fisicamente exausta e pronta para afogar seu estresse em seu colchão d'água *king size*.

Lembra-se de Teri, a supermãe que trabalhava meio período, cinco dias por semana, lecionando para quinze crianças em idade pré-escolar, e de seu marido Joe, que trabalhava além do horário e não ajudava muito em casa? A chave para resolver o problema deles não se baseou na saída de Teri do emprego (algo que ela realmente fez). A chave não se baseou no fato de Teri ter arrumado uma atividade divertida apenas para si (o que ela também fez). A verdadeira chave para Teri e Joe foi aprender a colocar um ao outro no topo da escala de prioridades. Um de meus conselhos padrão para casais casados que estão debaixo de tensão, pressão e estresse é sugerir que façam o que Teri e Joe fizeram: saiam vocês dois, sozinhos, sem as crianças, e divirtam-se, comuniquem-se, façam amor.

"Se não for possível fazer isso", digo a casais nessa situação, "simplesmente passem a noite em algum hotel próximo".

Por incrível que pareça, é difícil fazer as pessoas saírem de sua esteira elétrica de estresse. Elas preferem se arrastar direto rumo à exaustão, ao *burnout* e ao ataque cardíaco. Elas me dizem:

"Não temos condição de fazer isso."

"Nós dois trabalhamos."

"Temos responsabilidades; além do mais, as crianças sentirão nossa falta."

Para todos esses protestos significativos, eu digo: "Besteira!".

O dinheiro pode ser curto, mas você *não pode* deixar de gastar um pouco em relaxamento e em conversa juntos.

Talvez vocês dois trabalhem, mas será que o fazem sete dias por semana? (Se for esse o caso, é melhor mudar alguma coisa, e rápido.)

Sim, vocês dois têm responsabilidades, mas a primeira responsabilidade de cada um deve ser para com o outro. As crianças sentirão falta de vocês, mas valerá a pena voltar para elas menos rígidos e tensos.

CHUCK E JUDY PEDIRAM AJUDA A UMA UNIVERSITÁRIA

Quanto mais marido e mulher puderem trabalhar juntos, mais fácil será lidar com o estresse. As tarefas domésticas, por exemplo, são uma fonte clássica de estresse para a mãe que trabalha fora. Costumo dizer às clientes: "Sabe do que uma mulher que trabalha fora precisa quando chega em casa à noite? De uma 'esposa' para recebê-la à porta com uma xícara de café e uma lista de todas as coisas que foram feitas pela casa". Se o marido puder ser essa "esposa", ótimo, mas em muitos casos ele ainda está lá fora enfrentando as ruas. O casal que trabalha fora precisa definir prioridades e decidir como conseguir alguma ajuda contratada quando for necessário.

Tanto Chuck quanto Judy trabalhavam quando vieram até mim em busca de aconselhamento porque as coisas estavam ficando "muito tensas". Não levou muito tempo para descobrir que o horário do jantar era uma das causas principais de estresse. Para ser franco, imagino que o período entre as 17 e as 19 horas fosse como viver em um circo. Quando Chuck não estava trabalhando até mais tarde, era a vez de Judy esticar a jornada. As crianças tinham atividades diferentes, e era preciso buscá-las antes do jantar; também havia algumas noites diferentes da semana, quando papai e mamãe tinham de estar em algum lugar às 18h45 para participar de reuniões do clube ou do grupo de jovens.

Minha primeira sugestão a Chuck e Judy foi que limitassem suas agendas, mas eles não toparam isso de jeito nenhum. Sentiam que tudo o que os filhos estavam fazendo era fundamental e que valia a pena continuar. Assim, sugeri obter alguma ajuda em meio período e, pelo fato de eu ter alguns contatos no Departamento de Economia Doméstica da Universidade do Arizona, consegui arrumar uma estudante do segundo período, com 19 anos, que estava disposta a chegar à casa deles às 16h30 todos os dias e fazer as vezes de cuidadora dos três filhos, cozinheira e arrumadeira, para colocar ordem na cozinha depois do jantar.

Com a universitária dando-lhes esse tipo de ajuda cinco dias por semana, Chuck e Judy ficaram nas nuvens. Uma vez que os dois tinham um bom salário, o dinheiro não era problema. Estavam felizes em pagar muito bem pelos serviços da universitária, que se mostrou ótima com as crianças, além de cozinhar bem!

Nesse caso, fiquei grato por ver que Chuck se dispunha a arrumar a ajuda de que Judy precisava. Muitos maridos são sovinas (também com seu relacionamento e com sua esposa) e se recusam a contratar uma cuidadora, tentando "dar um jeito sozinho" — ou seja, deixando tudo para a esposa. A esposa que trabalha e cujo marido a transforma em sua maior prioridade é na verdade afortunada. Como costumo lhes dizer, "se você tem um bom marido, segure-o firme. Maridos são muitos difíceis de ser treinados".

O DR. DOBSON RESPONDEU À MINHA PERGUNTA

Não é difícil para um marido dizer "minha esposa é a número um". Conheço um monte de homens que estão totalmente comprometidos com essa ideia, incluindo eu mesmo. Mas *torná-la* a número um nem sempre é fácil. A vida — em especial a agenda — interfere muito.

Lembro-me de uma conversa que tive com o dr. James Dobson depois de ser entrevistado para seu programa de rádio "Focus on the Family" [Foco na família]. Eu viajava muito, estava longe de casa havia muito tempo e começava a me ressentir disso, de várias maneiras. Sabia que Jim estava nesse mesmo tipo de estrada, de modo que lhe perguntei:

— Que conselho você tem para mim, marido e pai que viaja pelo país, falando em convenções e conferências, e que fica bastante tempo longe de casa?

Jim não hesitou nem por um segundo. Ele disse:

— Kevin, antes de fazer qualquer coisa na vida, ponha Sande em primeiro lugar.

O que o dr. Dobson estava me dizendo era para me certificar de que minha esposa sempre fizesse parte das minhas decisões. Se a agenda se acumular, ela pode ser parte da ajuda para que eu decida sobre aquilo de que posso dar conta — e aquilo de que não posso.

Esse é um bom conselho a ser seguido por qualquer marido — ou, a propósito, para qualquer esposa praticar. Quando marido e esposa valorizam um ao outro perguntando "O que você acha? Sua opinião é importante para mim", duas coisas acontecem. Em vez de seu relacionamento ser uma fonte de estresse, é uma fonte de força. Conforme honram um ao outro, os dois cônjuges ganham nova energia para lutar contra as pressões e tensões que encontram todos os dias no trabalho, sem mencionar o que encontram em casa quando estão com as crianças, quer no "horário nobre", quer na hora do jantar, do banho ou de dormir.

Mas o que acontece quando você é uma mãe que precisa seguir sozinha, criando os filhos e provavelmente trabalhando em tempo integral também? Aconselho muitas mulheres solteiras que agradecem por terem sido largadas pelo velho Harry porque o relacionamento estava destruindo os dois. Mas, como veremos, mães solteiras pagam um alto preço por sua "liberdade".

LISTA PARA AVALIAÇÃO DE CRECHES

Tipo de cuidado

1. Este tipo de cuidado atende às necessidades atuais do meu filho?
2. É apropriado para a idade dele?
3. Por quanto posso contar que esse cuidado seja adequado?
4. Esse cuidado é o melhor para as minhas próprias necessidades pessoais?

Cuidadora

1. Estou convencida de que a cuidadora é a melhor opção que posso encontrar para meu filho?
2. A pessoa tem interesse específico em meu filho?
3. Ela estabeleceu um bom relacionamento com meu filho?
4. Ela é capaz de disciplinar meu filho de maneira firme, mas amorosa?
5. Ela me apoia?
6. Ela está disposta a conversar comigo sobre o progresso do meu filho, bem como sobre os problemas?
7. Ela é encorajadora para meu filho, assim como para mim?
8. Estou convencida de que ela pode agir com sabedoria numa situação de emergência?

Atividades

1. As atividades das quais meu filho participa são apropriadas para a idade dele?
2. O ambiente proporciona liberdade adequada, de modo que meu filho possa fazer escolhas apropriadas para trabalhar ou brincar com materiais de acordo com sua própria disponibilidade de tempo?
3. Meu filho consegue trabalhar em seu próprio nível de habilidade, sem qualquer pressão para agir do mesmo modo que outras crianças?
4. Existe variedade de atividades e de material disponível para incentivar o aprendizado?

Ambiente

1. O ambiente é sadio, saudável e seguro?
2. Comida de qualidade é servida regularmente?
3. A criança é incentivada, mas não forçada, a um período adequado de descanso?
4. Existem procedimentos adequados para situações de emergência?

Diversos

1. Meu filho está feliz e satisfeito?
2. Meu filho fala de maneira positiva sobre a creche?
3. Ele fica ansioso para estar na creche, ou simplesmente aceita a situação?
4. Existem quaisquer sinais no comportamento do meu filho que possam indicar infelicidade, tais como: insônia; choro excessivo; regressão a comportamento imaturo; agressividade excessiva; propensão à destruição; falta de interesse; tendência ao afastamento; hábitos nervosos, como roer unhas, enrolar cabelo etc.?
5. As crianças com as quais ele está são do tipo que eu gostaria que ele tivesse como amigos?[4]

CAPÍTULO 10

Mães solteiras carregam carga dobrada

"Estou cansada de ser forte."

"Ser sozinho é ser feliz", afirma um adesivo comum de se ver em carros por aqui. Sempre que o vejo, fico pensando: "*Será* que ser sozinho é ser feliz?". Cada vez mais mulheres parecem pensar assim. Elas já provaram de um relacionamento e querem distância de outra experiência semelhante. Estão buscando se libertar de todo estresse e dor. Mas, uma vez "livres", ficam aliviadas e em paz? Não, essa não é a regra.

Também precisamos ter em mente que muitas mulheres não escolheram se tornar mães solteiras. Algumas delas são viúvas; muitas se divorciaram de homens que procuravam "gramados mais verdes". Seja qual for o caso, mães solteiras carregam carga dobrada.

Quando pedi que descrevesse as causas de estresse em sua vida, uma mãe de 32 anos de idade, a quem chamarei de Marsha, falou o seguinte: "O que é estresse? É criar os filhos sozinha, sentir-se estagnada em termos financeiros, entediada com minha carreira atual. Passei os últimos dez anos sozinha e não vejo mudança à frente. Tenho medo de ficar sozinha, de envelhecer sozinha...".

E — *além* de ter uma filha de 15 anos — como Marsha reage diante da pressão de ser mãe solteira, com todos esses sentimentos? Ela completou: "Às vezes ignoro minha adolescente. Simplesmente não quero lidar com os problemas todos...".

Então, Marsha fez seu clamor derradeiro pedindo ajuda, antes de desabar: "Estou cansada de ser forte".

CONSELHO À MÃE SOLTEIRA: NÃO ENTRE EM PÂNICO

Muito do que já falamos em relação à mulher casada que trabalha é igualmente útil para as mães solteiras que tentam criar seus filhos e ao mesmo tempo manter um emprego. Contudo, criar filhos sozinha tem seus próprios problemas. Estas são algumas das dicas especiais que dou quando tento ajudar a mãe solteira:

1. *Uma mãe solteira nunca deve tentar ser um pai.* Aconselho mães solteiras a não sair para comprar uma chuteira para que possam jogar bola com seu filho. Uma mãe deve ser uma mãe e, caso o pai não desempenhe um papel ativo na vida dos filhos, ela precisa fazer todo o possível para obter "referências masculinas" para eles, por meio de avôs, tios ou outros membros da família do sexo masculino. Se isso não funcionar, tente a igreja para ver se não existem ali homens que possam dedicar algum tempo ao seu filho. Procure também organizações voltadas a fornecer essa ajuda.

O que quero destacar é: *ninguém consegue desempenhar o papel de ambos os pais.* Você será de muito maior ajuda para seu filho se for *você mesma* e se esforçar para ser a melhor mãe que puder ser sob tais circunstâncias.

2. *Encontrar uma boa cuidadora deve ser sua principal prioridade.* Releia o material sobre cuidadoras no capítulo 9 e também atente para uma palavra de conselho: faça um esforço especial para não pressionar parentes, amigas ou vizinhas que são mães que ficam em casa (ou seja, que não trabalham fora de casa). Com todas as pressões que sofre, uma mãe solteira pode ser tentada a pensar: "Não há problema em pedir a Eleanor que cuide dos meus filhos. Ela pelo menos tem um marido — e ela nem sequer trabalha fora!".

Embora esse tipo de racionalização possa ser lógico para uma mãe solteira perturbada e aturdida, será uma forma rápida de perder amigos e irritar os parentes. A carta apresentada a seguir, de uma mulher do Texas, foi escrita em resposta a uma colunista da *Working Woman* que aconselhou mães de crianças que ficam sozinhas em casa a não terem vergonha de pedir a donas de casa que vivam nas proximidades que assumam a responsabilidade sobre seus filhos enquanto elas trabalham. Aproximadamente cem mulheres escreveram respostas similares, mas as palavras enfurecidas desta texana são particularmente interessantes. Ela diz:

Estou lendo sua coluna sobre crianças [...] e estou surpresa pelo fato de, a despeito de toda a liberalidade que há no mundo, você ainda se fiar numa mãe para aparar todas as arestas. Ah, não a mãe das crianças, é claro — apenas qualquer outra mãe que por acaso more na vizinhança.

Num programa de televisão sobre mães e o mercado de trabalho, apresentado vários meses atrás, o comentarista começou dizendo que as mães que não trabalham fora estão "extintas".

Ora, de acordo com meus cálculos, metade de todas as mulheres ainda está em casa. E, no mínimo, somos uma minoria forte. Mas, ao que me parece, as princesas corporativas apresentadas pela mídia preferem que não existamos.

Até que, é claro, precisem de nossa ajuda.

Sempre dou uma boa gargalhada quando uma mãe emancipada, que se gaba de sua autossuficiência, confia em *sua própria* mãe ou sogra para que ela crie seus filhos. Ou então paga salários vergonhosamente baixos para que alguma mulher vulnerável assuma a função.

Parece que sucesso significa que, em vez de ser explorada, uma mulher passa a ser a exploradora. "Dar-se bem" significa fazer que outra mulher realize o seu trabalho sujo. Uma pequena luta de classes, você não acha?

Eu costumava apoiar minhas amigas que trabalham — até a chegada dos filhos delas. Então, nossa amizade começou a sofrer abalos porque me recusei a ser a "mãe" no lugar delas.

Sem me pedir permissão, elas passaram meu nome e meu número de telefone para a creche como a pessoa a ser procurada em caso de emergência. Mas a gota d'água aconteceu quando elas passaram a me considerar a babá reserva quando o que combinavam com outras pessoas não dava certo. E isso acontecia com frequência.

O que realmente me perturbou foi o fato de elas suporem que eu estava à disposição só porque elas trabalhavam fora. Elas sabiam que meu tempo não pertencia à empresa, de modo que presumiram que pertencia a elas!

Nunca deixei de ficar surpresa diante desse senso de direito. Deve haver um defeito específico na psique de uma mulher que trabalha fora, o qual permite que ela acredite que toda mãe que fica em casa esteja à sua disposição. Qual é a sua explicação?

Você apoia essas atitudes em sua coluna, não é? Crianças de até 12 anos que ficam sozinhas em casa podem contar com a vizinha, certo?

Embora vivamos numa sociedade em que há um processo judicial a cada esquina, você incentiva mulheres a esperar que uma vizinha assuma a responsabilidade por uma emergência doméstica.

> Há muitas mulheres que não trabalham que não dirão "não" a você — não é apenas no ambiente de trabalho que se encontram mulheres sentindo-se culpadas por recusar uma responsabilidade.
>
> Mas o fato é que eu cuido dos *meus* filhos e não devo nenhum serviço grátis para as mães que trabalham. Não sinto necessidade de "ter tudo" e não vejo por que deveria me esforçar para que outra mulher tenha.
>
> Francamente, essa culpa que vocês, mães que trabalham, tentam evitar a todo custo parece de fato bem própria. Se eu ficasse sabendo que uma criança do segundo ano é deixada sozinha das 8 da manhã até às 6 da tarde, sem dúvida chamaria o conselho tutelar. Aqui, no "fim do mundo" onde vivo, isso é ilegal.
>
> Existe uma rachadura que se abre cada vez mais entre mães que ficam em casa e mulheres no ambiente de trabalho. Dizer a uma mulher que trabalha que ela deve pegar pesado com a vizinha não fará nada para diminuir isso.
>
> "Working Woman", de Niki Scott.[1]

As mães solteiras que trabalham e leram essa carta podem pensar que estou apenas tentando aumentar sua própria carga de culpa, mas não é isso. Essa mãe texana que fica em casa pega um pouco pesado, mas ela tem bom senso, e simplesmente reproduzo a carta dela como sendo um bom conselho. Ainda que custe mais em termos de tempo e dinheiro, viva de acordo com este mote: "Não é possível cuidar de uma criança de graça". Se levar isso em consideração, você será mais feliz, assim como sua família, seus amigos e seus vizinhos.

Voltemos agora às dicas para as mães.

3. *Seja uma disciplinadora forte.* Aconselho muitas mães cujos recursos mentais estão esgotados porque não conseguem mais lidar com os filhos. Uma mãe pode fazer muita coisa para ajudar os filhos a crescer e se tornar melhores candidatos ao casamento, desde que ela não aceite a conversa fiada deles. Releia os capítulos 6 e 7 deste livro e coloque a Disciplina da Realidade para funcionar a sério em sua casa.

4. *Evite "triângulos".* Isto não tem nada a ver com ir atrás do marido de outra. Estou falando sobre situações nas quais você se torna a intermediária que precisa realizar toda a comunicação ou reconciliação entre um de seus filhos e seu ex-marido.

Veja um exemplo. Seu "ex" diz que vai passar em casa para pegar um dos filhos para sair. Ele não aparece, e a criança fica arrasada. Seria bastante fácil descarregar sua raiva sobre seu ex-marido, mas seria mais produtivo para seu filho pegar o telefone e conversar diretamente com o pai.

5. *Não se apresse muito em casar de novo.* Aconselho mulheres que acabaram de passar por um divórcio que esperem pelo menos quatro anos antes de se casarem de novo (na esperança de que elas de fato esperem pelo menos dois anos).

Algumas mulheres solteiras podem estar pensando: "É fácil para você recomendar a vida celibatária, Leman, mas sou eu quem passa as noites sozinha". Não estou desprezando a solidão e as outras dificuldades. Mas recomendo suportar um pouco de solidão em vez de entrar em outro Pântano de estresse ao se ligar muito rapidamente a outro príncipe-sapo — ou coisa pior.

Você não precisa se esconder nem hibernar. Quando possível, associe-se a casais, caso você possa encontrar amigos que tenham um casamento estável e por quem você não seja vista como uma ameaça. Estar junto de amigos casados vai lhe dar muita segurança, e eles servirão de boa influência sobre você.

6. *Seja exigente na escolha de um novo parceiro.* Um bar para solteiros é uma possibilidade se você gosta de lugares onde possa ser vista, mas sempre recomendo uma igreja de bom tamanho, onde exista um grupo ou uma classe de escola dominical para solteiros. Sim, eu sei que impostores podem aparecer na igreja também, mas suas chances ali são bem melhores de encontrar um príncipe que não vai se transformar num sapo.

7. *Não entre em pânico, especialmente se você tiver filhos que dependem de você.* Como a aeromoça demonstra antes de todo avião decolar, o adulto deve colocar sua máscara de oxigênio primeiro, e depois a da criança. Acho que você entendeu.

Samantha, 24 anos, é uma boa ilustração. Ela veio me pedir ajuda quando passava por um divórcio. O ex-marido, que havia encontrado outra mulher, deixara Samantha com uma criança de 9 anos e outra de 6, depois de nove anos de casamento. Não é preciso usar uma calculadora para descobrir que Samantha engravidou assim que se casou, aos 15 anos. Ela aprendeu do jeito mais difícil, e agora, aos 24, tinha as cicatrizes e a sabedoria de uma mulher de 40.

Durante o aconselhamento, ela se mostrou preocupada — a ponto de chorar — porque achava que o ex-marido estava prestes a pedir a guarda das duas filhas. Logo percebi a razão de ela estar tão preocupada: ela havia abandonado o ensino médio no segundo ano e não dispunha de experiência profissional que a tornasse competitiva no mercado de trabalho. Para piorar as coisas, os pais de Samantha não podiam lhe dar nenhum apoio, nem estavam dispostos a fazê-lo. Desamparada, não havia como dar conta da situação com duas filhas.

Samantha ficou chocada quando sugeri que não brigasse com o ex-marido pela guarda. Na verdade, eu a incentivei a falar com o advogado e ver se ela poderia fazer algum acordo que permitisse às crianças viverem com o pai por determinado período de tempo e, depois, pedir à vara de família uma revisão da situação antes de dar a sentença final. Samantha jurou que nunca permitiria que suas duas filhas fossem viver com o pai e "aquela mulher".

— Você mesma disse que seu ex-marido ama as meninas e é bastante atencioso com elas — destaquei. — Ele tem um bom salário trabalhando na área de construção e pode sustentá-las. O melhor de tudo é que ele quer estar por perto. Elas serão bem cuidadas.

— O que vou fazer sem minhas filhas? — disse ela, quase gritando.

— Você me disse que, acima de qualquer outra coisa do mundo, quer ajudá-las. Se você estava falando a sério, então precisa estudar, ter algum treinamento.

— Mas eu tenho um trabalho — protestou ela.

— Samantha, enquanto as meninas viverem com você, você gastará os poucos dólares que ganha como garçonete e dependerá sempre de vales-alimentação para comprar comida. Você nunca estará à frente. Deixe as crianças viverem com o pai por um tempo e tente fazer algum treinamento vocacional. Tire seu diploma e depois analise alguma faculdade nas redondezas.

Com grande relutância (e um pouco irritada comigo), Samantha cedeu e permitiu que o ex-marido tivesse temporariamente a guarda das crianças. Ela voltou para o ensino médio e conseguiu seu certificado de conclusão em tempo recorde. Depois, entrou numa faculdade local para estudar enfermagem. Ela me disse que, quando criança, costumava brincar com bonecas e fingir que era enfermeira. Bem, Samantha conseguiu realizar sua fantasia e também fazer que a realidade funcionasse. Hoje ela é enfermeira, trabalha num hospital onde lhe pagam um bom salário e mora com as filhas.

Samantha é mais um exemplo de que as pessoas precisam usar a cabeça em conjunto com o coração. Você precisa firmar um compromisso de começar a pôr a vida para a frente. Se me permite a analogia com os esportes, é como a bola rasteira no beisebol. O técnico sempre diz ao seu jogador: "Jogue a bola — não deixe que a bola jogue você. Persiga a bola, ataque a bola, corra em direção à bola — *não recue!*".

O mesmo é verdadeiro em relação à vida. Nunca recue. Nunca deixe que seus medos derrotem você e a encham de estresse.

EXPERIMENTE A ABORDAGEM DE SCARLETT O'HARA DIANTE DA PRESSÃO

Samantha é uma felizarda, mas ela criou sua própria sorte. Sua determinação e seu amor pelas filhas valeram a pena. Sustento a ideia de que, se ela tivesse deixado que seu coração governasse sua cabeça e tivesse recusado ficar temporariamente longe de suas filhas, nunca teria conseguido alcançar uma posição na qual pudesse ser de verdadeira ajuda para sua jovem família.

É muito comum ver mulheres estressadas porque entraram em pânico e perderam o controle. A vida as controla. Enquanto fazia pesquisas para este livro, escrevi para Rita Davenport, que me entrevistou várias vezes em seu programa de televisão, transmitido de Phoenix, Arizona. Eu sabia que Rita já havia apresentado seminários para ajudar mulheres a aprenderem a gerenciar o estresse e "permanecer no controle"; então pedi que compartilhasse algumas de suas ideias. Ela foi bastante generosa em me responder e me apresentar algumas de suas dicas favoritas. Todas elas são úteis para qualquer mulher que exerça atividade profissional, mas as incluo aqui como um adicional às mães solteiras que trabalham, as quais precisam de toda ajuda — e esperança — que puderem conseguir.

Rita se junta a mim na ênfase sobre o estabelecimento de prioridades. Ela diz: "Para mim, é Deus em primeiro lugar, família em segundo (com o marido antes dos filhos), carreira em terceiro e assim por diante".

Ela também enfatiza o aprendizado do poder de dizer "não!". Ela observa: "Você nunca pegará um coelho se estiver caçando dez deles!".

Fiquei surpreso em saber que Rita gosta de caminhadas, e ela comenta: "É o melhor exercício que conheço para me livrar do estresse".

Davenport apresentou algumas outras abordagens sobre controle e prevenção de estresse, e as de que mais gostei foram estas:

1. Quando estiver sob pressão, pergunte a si mesma: "Esta situação é a pior coisa que poderia acontecer comigo?".

   Atrasada para um compromisso, por exemplo, você está no meio de um congestionamento e o semáforo parece ter travado no vermelho. Isso aconteceu recentemente comigo e simplesmente perguntei a mim mesma: "Isso é tão ruim quanto o que aconteceu com minha amiga, cujo marido saiu pela porta para trabalhar numa manhã e caiu morto antes de chegar ao carro?". Perceber que, em geral, o que quer que esteja acontecendo poderia ser muito pior ajuda a aliviar bastante o estresse.

2. Alivie a tensão usando a "técnica de impacto físico bruto", que se caracteriza por socar as camas enquanto você as arruma. Quanto mais filhos você

tiver, mais estresse você tem, mas, ao mesmo tempo, você também tem mais camas para arrumar e socar!

3. Use a técnica de Scarlett O'Hara para lidar com a pressão. Scarlett sempre dizia: "Pensarei nisto amanhã". E ela estava certa. Nos meus seminários falo sobre como são treinados os pilotos de aviões de caça. O instrutor diz aos recrutas que eles podem pensar em entrar no avião e considerar que este pode cair, que eles podem ser abatidos, que o paraquedas pode deixar de abrir e, ainda que abra, podem chegar até o chão e ainda ser atingidos. A questão é: por que se preocupar com qualquer uma dessas coisas? Não se preocupe com nada até que esteja enfrentando a situação. Afinal de contas, a maioria das coisas com as quais nos preocupamos acaba não acontecendo.

4. Coma a casca primeiro. Faça logo as coisas desagradáveis e use as tarefas mais agradáveis para recompensar a si mesma e receber nova energia e motivação.

5. Aprenda a entrar no "estado alfa" da maneira que Thomas Edison e Albert Einstein faziam. Use uma poltrona confortável ou o sofá e simplesmente deite-se e relaxe totalmente. Respire fundo e não cruze as mãos sobre o peito — simplesmente relaxe. Feche os olhos e imagine um lindo cenário onde você já esteve antes e no qual sentiu paz e harmonia. Talvez você possa até mesmo ouvir o som das ondas do mar ou o vento soprando nas árvores. Simplesmente deixe-se levar, mas tente não dormir. Tudo funciona melhor se você não adormecer completamente. Ficar no estado alfa por cinco ou dez minutos me dá descanso equivalente a duas horas de sono.

6. Adote o lema: "Se o dinheiro pode consertar, então não se trata de um problema de verdade". O compressor do ar-condicionado do meu carro, por exemplo, simplesmente parou de funcionar. Eu tinha o valor do conserto (US$ 396), mas, ainda que não tivesse o dinheiro naquele momento, a questão era simples: *o compressor podia ser consertado*. Certa vez, durante um seminário, compartilhei esta dica com uma mulher sentada ao meu lado, e ela ficou com lágrimas nos olhos. Ela disse: "Rita, há sete anos venho me irritando com algo e agora vou para casa para consertá-lo. Não me irritarei mais com isso".

O dinheiro não consertará tudo, mas o que quero dizer é: não deixe que aquilo que o dinheiro pode consertar cause coisas como preocupação, tensão e estresse. Minha casa já pegou fogo; sei como é chegar em casa e não ter nada, senão as roupas do corpo. Mas o problema acabou sendo resolvido com dinheiro.

O que dizer sobre as coisas que o dinheiro não pode consertar? Também tenho experiência nisso. Meu irmão tem câncer linfático. Mas não vejo meu

> irmão como um doente. Vejo-o como são, saudável e um bom pai, um bom marido e um bom policial. Estou convencida de que nossa mente e nosso pensamento são extremamente poderosos. Fazemos acontecer aquilo sobre o que nos concentramos. Jó disse: "O infortúnio que eu tanto temia veio sobre mim; o que eu tanto receava acabou acontecendo! Não tenho paz, nem alívio, nem sossego; só dor e inquietação" (Jó 3.25-26).
>
> Sempre podemos escolher entre o pensamento positivo e o negativo. Por que escolher pensamentos que vão apenas trazer mais estresse?

As palavras de Rita são cheias de sabedoria para qualquer pessoa, casada ou solteira, que trabalha ou que "fica em casa". Existe todo tipo de piadas sobre "a luz no fim do túnel". Mas realmente creio que a luz está ali — bem ali no final. Talvez você quase não consiga vê-la ainda, mas ela está lá e, se continuar procurando, a encontrará.

As situações aparentemente impraticáveis não durarão para sempre. Momentos de crise realmente acabam. O estresse pode derrubá-la por um tempo, mas você nunca precisa deixá-lo iniciar a contagem. Tenho minha própria história em relação a isso, e vou compartilhá-la no próximo capítulo.

CAPÍTULO 11

A noite em que caí da trave da vida

"Assim que caí no chão, ouvi Sande dizer: 'A ambulância está a caminho'."

Desde o capítulo 1, estou prometendo contar minha experiência pessoal com o estresse (na verdade, é uma confissão). Creio no antigo ditado que diz: "Médico, cura-te a ti mesmo". No meu caso, tive de aprender isso da maneira mais difícil.

Vamos voltar a 29 de março de 1985, sexta-feira — um dia agitado que encerrava uma semana agitada. Na segunda e na terça estive fora da cidade, falando numa convenção. Quando voltei, mantive uma agenda de trabalho lotada até o final da tarde de sexta. Então, Sande, as crianças e eu nos enfiamos na *van* da família para viajar duzentos quilômetros até Phoenix para assistir a um concerto juntos. Chegamos com tempo apenas de engolir alguns cachorros-quentes e batata frita e seguir para nossos assentos.

Sande e eu bufávamos, mas estávamos felizes por poder dar aos nossos filhos a oportunidade de ouvir aquele grupo em particular. Ao mesmo tempo, demos a nós mesmos a oportunidade de monitorar o que eles estavam ouvindo e, como acontece com as bandas, essa era muito boa — ainda que barulhenta. Não eram muito conhecidos, mas, de um jeito ou de outro, conseguimos chegar ao final. Pelo menos nossos filhos tiveram ótimos momentos. Eles me garantiram que os artistas estavam cantando sobre o céu. Para ser bem franco, tudo aquilo soava mais como aquele outro lugar.

Finalmente, pouco antes da meia-noite, voltamos ao nosso quarto no Holiday Inn. Deixei Sande lutando para colocar as crianças na cama, o que não era uma tarefa simples porque estavam todos muito animados e despertos. Com base no fato de eu ter tido uma semana absurda e estar completamente exausto, pedi dispensa da tarefa de ajudar. Cheguei à terra dos sonhos em poucos minutos, mas jamais sonhei com o que aconteceria apenas algumas horas depois.

Por volta das 3 e meia da manhã acordei sentindo-me mal e com náusea. Tentei acordar Sande, e a próxima coisa de que me lembro é de estar no chão ouvindo-a dizer: "A ambulância está a caminho".

Sande estava conversando com o diretor de segurança do Holiday Inn onde nos hospedamos. O primeiro pensamento que cruzou minha mente foi o antigo *slogan* da rede de hotéis: "Nada de surpresas... Mas *isto* é uma surpresa!".

Olhei para o rosto de um paramédico do corpo de bombeiros de Phoenix. O homem estava ocupado piscando uma lanterna bem nos meus olhos e verificando meus reflexos. Seu parceiro tentava encontrar meu pulso e, pela cara que fazia, não estava conseguindo.

Holly, Krissy e Kevin me fitaram com os olhos arregalados, petrificados. Sande tremia como uma folha, e tudo o que eu podia fazer era pensar no que havia acontecido.

MINHA SENSAÇÃO ERA DE QUE ESTAVA NA EMERGÊNCIA HAVIA SÉCULOS

Tiraram-me do hotel e me levaram para o pronto-socorro. Não sentia nenhuma dor, mas sentia-me muito fraco e quente, além de transpirar profusamente. Minha sensação era de que estava na emergência havia séculos. Demoraram cerca de duas horas e meia para me examinar. Depois de pedir que eu fizesse um eletrocardiograma, o médico que me atendia não conseguia determinar o que havia de errado comigo. Eu não tivera um ataque cardíaco e, até onde eu sabia, poderia ser liberado.

"Mas o que aconteceu? Tive algum tipo de ataque ou convulsão", protestei.

O médico da emergência deu-me uma opção: eu poderia permanecer no hospital e passar por mais exames na unidade cardiológica ou poderia ir para casa e consultar-me com meu próprio médico. Ele estava certo de que não havia risco em viajar de volta para casa.

Optei por voltar para casa. Assim que amanheceu em Phoenix, nossa *van* rumou para o sul na direção de Tucson, com Sande ao volante e as crianças e eu atrás. Pela primeira vez as crianças não fizeram muito barulho nem ficaram inquietas. Permaneceram sentadas, olhando, através da janela, para a paisagem desértica; ocasionalmente, lançavam em minha direção olhares furtivos de preocupação.

Lembro-me de ter ouvido Holly, nossa filha mais velha, dizer: "Amo você, papai. Você vai ficar bom".

Krissy, nossa segunda filha, que tem as emoções à flor da pele, apenas me acariciava, com os olhos cheios de lágrimas.

Kevin, o bebê da família àquela época, não disse nada por bastante tempo. Creio que sua mente de 8 anos de idade estava tentando entender tudo aquilo. Finalmente, ele disse: "Ei, papai, vamos brincar de pega-pega quando chegarmos em casa?". Agradeci, mas deixaria passar daquela vez.

"O SENHOR PRECISA DE UMA TOMOGRAFIA, DR. LEMAN"

No minuto em que chegamos a Tucson, liguei para o dr. Bob Johnson, nosso médico de família. Ele poderia me atender imediatamente. Enquanto eu e Sande nos dirigíamos ao consultório, tentávamos encontrar uma razão para eu ter literalmente me catapultado da cama durante o sono. Seria uma indisposição estomacal? Um vírus? Algum tipo de reação nervosa de fato um pouco séria, mas não *tão* séria?

O dr. Johnson estourou nossa pequena bolha de esperança quando disse:

— Kevin, você não acorda no meio da noite e termina no chão se debatendo e se contorcendo do nada. Estou pedindo uma série de exames no hospital, incluindo uma tomografia e um EEG.

— EEG é um eletroencefalograma, não é? O que exatamente você está procurando?

— Lesões cerebrais; você sabe, tumores — disse ele, com bastante descontração.

— Obrigado — disse eu. — Acho que eu precisava ouvir isso.

Na manhã da segunda-feira seguinte, apresentei-me no hospital. Em pouquíssimo tempo, fui conectado à máquina do EEG, com eletrodos ligados por todo canto da minha cabeça e agulhas injetando fluido colorido nos meus braços.

"Fique totalmente parado", aconselhou a enfermeira enquanto ligava a chave.

"Cabelo ao estilo General Electric", pensei eu, enquanto luzes acendiam e apagavam e sons estranhos soavam em meus ouvidos.

Em seguida, foi a vez da tomografia. Enquanto eles empurravam meu corpo para dentro daquela coisa em forma de cilindro, senti como se estivesse partindo em minha própria odisseia espacial. A coisa toda me deixou bastante assustado. Pode-se dizer que eu me sentia um pouco ansioso. Na verdade, meus sentimentos estavam mais próximos do mais puro pavor. Será que eles achariam um tumor cerebral ou algum outro problema horrível?

Mas a tomografia deu negativo. O médico garantiu que não havia nada de errado com meu cérebro. Alguns dos meus professores do ensino médio provavelmente discordariam desse diagnóstico, mas, no que se referia ao tomógrafo, passei com distinção. Quanto ao EEG, ele revelou "uma leve redução frontal-temporal à esquerda, com fundo normal bem regulado". A importância era "incerta".

O NEUROLOGISTA ME PEGOU EM FLAGRANTE

Uma vez que eu não queria que a importância de nada ligado ao meu cérebro fosse "incerta", concordei totalmente quando o dr. Johnson recomendou que eu visitasse um neurologista. Alguns dias depois, sentei-me no consultório do dr. Laguna. Durante aquela primeira visita, ele fez pouca coisa além de me lançar um monte de perguntas. Mas ele sabia o que estava procurando e me descreveu com tanta precisão e clareza quanto Sande jamais poderia ter feito — e isso significa muita coisa.

— Com base no que me disse, Kevin, você é definitivamente uma daquelas pessoas Tipo A.

Eu sabia o que ele queria dizer com pessoa Tipo A — aquele *workaholic* persistente, altamente competitivo e impaciente. Tipo A, eu? De jeito nenhum. Será que ele não sabia que eu era Tipo B — aquela pessoa fácil de lidar, despreocupada, o tipo de cara tranquilo que deixa a vida passar pelas costas enquanto ele lida com uma coisa de cada vez?

— Você deve estar brincando — respondi. Sou conhecido como "Leman Banco de Trás". Sou o tipo de cara que, de repente, pode ir para a televisão e fazer as pessoas gargalharem enquanto lhes dou ideias de como lidar com sua família. Dou às pessoas conselhos sobre como *não* ser Tipo A. Não me diga que sou Tipo A. Não ocupo o lugar do motorista; fico na minha, no banco de trás.

O dr. Laguna sorriu e prosseguiu, comparando meu estilo de vida com as ações de uma personalidade Tipo A. As duas se encaixavam com precisão alarmante.

— Você pode entreter as pessoas e fazê-las rir; tudo bem — admitiu ele — mas debaixo dessa aparência de "banco de trás" há um obstinado perfeccionista e cobrador. Você está se cobrando demais e se encaminhando na direção de problemas.

Eu sabia que ele me havia descoberto. De fato, ele me pegou em flagrante. Senti como se o médico tivesse aberto uma pequena janela secreta e olhado dentro da minha cabeça e do meu coração. Ele parecia saber como eu pensava e como me sentia. Quando um homem consegue me descrever com essa precisão, eu escuto.

— O que você teve, Kevin, foi um ataque de estresse — explicou. — Sabe, o corpo só consegue dar conta até certo ponto. Nosso corpo tem um jeito próprio de dizer "chega". Quando você o submete a muito estresse e pressão, algo termina cedendo. O corpo dá uma parada brusca.

Naquele dia comecei a mudar meu estilo de vida. O "Leman Banco de Trás" não fez discursos nem votos. Simplesmente me afastei e comecei a fazer as coisas de maneira diferente. Reduzi pela metade o número de clientes que atendia diariamente, o que me deu tempo para dois períodos de descanso, além da pausa de uma hora e meia para o almoço. Esses dois períodos de descanso deram-me tempo para simplesmente me afastar de algumas pessoas e da pressa e dar a mim mesmo um pouco de espaço.

Os resultados da mudança em minha agenda têm sido encorajadores — e reveladores. Estou mais ligado e logo consigo notar se estou comendo rápido demais, andando rápido demais etc. Agora estou aprendendo a me disciplinar mentalmente e diminuir o ritmo quando necessário.

EU ESTAVA VICIADO EM ADRENALINA

Antes do meu ataque de estresse, o dr. Archibald Hart, chefe da Escola de Psicologia do Seminário Teológico Fuller, publicou um livro muito útil intitulado *Adrenaline and Stress* [Adrenalina e estresse]. Ele destaca que podemos ficar viciados em nossos próprios "surtos de adrenalina", gerados em razão de uma agenda cheia, excitante e divertida. Essa é uma descrição ao pé da letra da minha velha rotina. Enquanto eu me encaminhava para aquela noite de convulsões no Holiday Inn, não me sentia frustrado ou irritado. Gostei da minha semana de viagens, das conversas com clientes e da diversão com minha família. Talvez a viagem rápida para Phoenix e o *show* de *rock* tenham sido um pouco extenuantes, mas, ainda assim, foi divertido estar com Sande e as crianças.

O que o dr. Hart destaca, porém, é que coisas agradáveis podem ser estressores tão eficientes quanto as coisas desagradáveis e dolorosas. Quando sua adrenalina começa a correr, seu corpo não consegue saber a diferença entre uma experiência "boa" ou "ruim". De fato, os "momentos felizes" podem ser mais perigosos, pois você começa a depender desses estímulos para ter um sentimento de satisfação ou simplesmente para "sentir-se bem". Isso pode acontecer a qualquer pessoa, desde um executivo sob pressão a um psicólogo com agenda cheia, passando por uma mãe que tenta cuidar de sua família e equilibrar várias outras bolas no ar.

Nos capítulos anteriores vimos diversas mães que estavam bem no meio do estágio da exaustão da síndrome de adaptação geral teorizada por Hans Selye. Talvez você venha se sentindo ignorada porque não se encaixa exatamente naquela descrição. Sua vida está bem, você trabalha ou vai à escola e não vê grandes problemas em realizar seu serviço de táxi para as crianças. Você até mesmo encara isso com bastante entusiasmo, fica "para cima" ao conseguir fazer todas as coisas, todos os dias. Ah, você se sente cansada de vez em quando, é claro, mas e daí? Isso faz que você durma melhor, não é?

Cuidado. Segui esse caminho até chegar a um ataque de estresse, e você pode estar seguindo pela mesma trilha. Archibald Hart acredita que você se vicia em sua própria adrenalina. Penso que ele está certo. Veja o que ele diz:

> A ideia de vício em adrenalina tem importantes implicações sobre a maneira como reagimos ao estresse, pois a própria adrenalina que nos coloca para cima é também a droga que causa danos quando usada em excesso. Se não aprendermos a "abrir mão" dos "picos" de nossa adrenalina, o mesmo prazer que alcançamos até mesmo de situações saudáveis pode ser uma forma lenta de autodestruição.[1]

SEGUI UM CONSELHO DO MEU PRÓPRIO LIVRO

Ao pensar naquele ataque de estresse ocorrido em março de 1985, vejo-o como uma bênção — uma advertência de que eu estava de fato viciado em minha própria adrenalina e fora pego num ciclo de lenta autodestruição. Aprendi a seguir um conselho do meu próprio livro, algo que uso com meus clientes. Uma das minhas máximas de sabedoria favoritas é que devemos assumir a responsabilidade por nossas escolhas e decisões. Agora estou muito mais ciente de quão responsável sou pelas escolhas que faço a cada dia, pois elas determinam a quantidade de estresse que enfrento.

Parece que não há modo de evitar certa quantidade de estresse. O fato é que ele pode ser causado tanto por algo desagradável quanto por algo de que você gosta.

Como vimos no capítulo 2, o estresse pode surgir na forma de pressão ou tensão que você entende como ameaça. Essa pressão se transforma num estressor, e a adrenalina começa a fluir. Resultado: você fica estressada.

Ou, como vimos neste capítulo, o estresse pode surgir na forma de uma experiência agradável e excitante que faz a adrenalina correr de maneira similar ou até mais intensa do que quando você se sente ameaçada. A questão é que o estresse vai aparecer. A única maneira de se livrar dele é estar morto. Uma das melhores maneiras de controlar o estresse e impedir que ele acabe exaurindo — e, por fim, matando — você é ter consciência da necessidade de equilíbrio.

VALE A PENA FICAR EM CIMA DA TRAVE

Sempre fico impressionado diante das ginastas olímpicas que se exibem na trave de equilíbrio, aquela estreita base com 10 centímetros de largura, onde obter uma nota 10 não é pouca coisa. Gosto de comparar a vida com a trave de equilíbrio. Obviamente, a esta altura, você sabe que estou longe de tentar conseguir uma nota 10. Na trave da vida, em alguns dias tiramos nota 1,3 ou menos. Isso não importa, contanto que tenhamos consciência de nossa necessidade de equilíbrio.

Se você procurar o significado da palavra *equilíbrio*, encontrará todo tipo de definições. Um dicionário, por exemplo, lhe dirá que equilíbrio é "um estado de estabilidade, um estado mental ou psicológico, um arranjo harmonioso das partes". Em outra acepção, você pode descobrir que alcançar o equilíbrio é o mesmo que "chegar a um meio-termo", uma posição entre dois extremos.[2]

Gosto dessa coisa de "chegar a um meio-termo", porque ela resume o significado de controlar o estresse e prevenir-se contra ele. A presença de muito estresse em sua vida indica que você está exagerando em alguma coisa. Pode ser algo ruim, ameaçador e cheio de pressão. Ou pode ser algo que você acha que gosta ou que até mesmo precisa — como uma agenda cheia, excitante e estimulante. Seja como for, você não está em equilíbrio, e é preciso corrigir isso.

Já falamos sobre várias maneiras de alcançar o equilíbrio correto no combate ao estresse. Nossa ferramenta mais importante é a "calculadora de prioridades", que usamos quando as oportunidades, as tentações e as pressões da vida se acumulam. Mas para tirar o maior proveito dessa ferramenta precisamos ainda de um plano de ação para a vida, e analisaremos isso no último capítulo.

CAPÍTULO 12

Um plano de ação para derrotar o estresse

"Às vezes choro bastante e oro por um bom tempo."

Ao conversar com esposas e mães, costumo fazer questão de perguntar como elas mantêm o equilíbrio quando o estresse se aproxima. Algumas são extremamente francas e me dizem que é difícil ficar em cima da trave de equilíbrio da vida. Quanto à maneira como lidam com o estresse quando as coisas saem de controle, elas costumam dizer:

"Nada bem!"

"Ainda não consegui."

Outras mulheres usam a abordagem construtiva ou ativa e atacam o problema fisicamente:

"Ando mais rápido!"

"Coloco o filho menor numa bolsa nas minhas costas para mantê-lo feliz enquanto faço a limpeza da casa."

"Saio de casa para comprar ou fazer alguma outra coisa."

"Oro às 4h30 da manhã, uma vez que meu filho acorda cedo. Faço exercício três vezes por semana, saio uma vez por semana e passo algum tempo sozinha."

"Tento preencher o dia inteiro com atividades, de modo que não tenha tempo de pensar no que está me perturbando."

Uma mãe de 30 anos, cujos filhos tinham 7, 9 e 12 anos, foi um bom exemplo de alguém que tentara praticamente tudo. Ela me disse: "Delego algumas das várias atividades em casa e fujo para o *shopping* ou para a biblioteca. Às vezes coloco um fone de ouvido, boto uma seleção de músicas favoritas para tocar e me desligo de todo mundo por trinta minutos. Às vezes choro bastante e oro por um bom tempo".

TODOS PRECISAMOS DO NOSSO PRÓPRIO PLANO DE AÇÃO

A confissão honesta dessa mãe é uma boa ilustração de alguém que está lidando com o estresse da melhor maneira que pode, assumindo as coisas que aparecem e fazendo o que parece funcionar naquele momento. Algumas de suas táticas são boas — especialmente "chorar bastante e orar por um bom tempo". Mas todos precisamos ter nosso próprio plano de ação — uma maneira fundamental de encarar a vida, uma abordagem que mantenha as coisas em sua perspectiva correta.

Quando falo com as clientes sobre um "plano de ação", penso em três áreas básicas. Quando a vida ameaça se transformar num Pântano, é melhor se conscientizar de que você só pode controlar algumas coisas. Você precisa colocar tudo em algum tipo de ordenação simples. Um exercício que considero útil para muitas clientes é pegar uma folha de papel e escrever três títulos: 1) físico, 2) emocional e 3) espiritual.

Qual é a importância de cada uma dessas áreas? Quais objetivos você pode estabelecer para se ajudar a encontrar uma saída do Pântano?

OBJETIVOS FÍSICOS NÃO INCLUEM "TRABALHAR MAIS"

Quando falo sobre "objetivos físicos", algumas mulheres pensam que quero que elas se organizem e que façam as coisas mais rapidamente. Essa abordagem normalmente causa *mais* estresse, não menos. Quando falo sobre prevenir-se fisicamente do estresse, refiro-me a atividades que você pode realizar e que lhe trarão relaxamento ou sentimentos de realização e satisfação, coisas que você não obtém com a labuta diária. Em resumo, você deve encontrar maneiras de cuidar melhor do seu corpo.

Na categoria de objetivos físicos, você pode, por exemplo, querer pensar no seu peso (muito embora você talvez não queira nem pensar sobre isso). Uma vez que *dieta* é um palavrão que causa ainda mais estresse para muitas pessoas, prefiro o termo *comer de maneira sensata* e, juntamente com a sensatez no modo de se alimentar, defendo alguma forma de exercício.

É possível que, como Teri, você precise fazer alguma coisa só para você uma vez por semana. No caso dela, foi matricular-se numa aula de aeróbica, o que atendeu perfeitamente a um importante objetivo físico que ela havia estabelecido para si. Se isso parece algo um pouco além do que você consegue fazer, por que simplesmente não sair para caminhar? Acorde cedo, coloque um par de tênis confortáveis, com bom apoio para os pés, e ande em volta do quarteirão o mais rápido que você puder, balançando os braços conforme caminha. Algumas pessoas gostam de ter um destino para caminhar — a casa de uma amiga, uma banca de jornal ou uma lanchonete.

Se você estiver em boa forma, comece andando cerca de dois quilômetros por dia. Pessoalmente, descobri que seis quilômetros — três até a Dunkin' Donuts para pegar o jornal e tomar um café, depois três quilômetros para voltar — é uma distância que se encaixa perfeitamente para mim. Lembre-se de que você deve andar rápido e balançar os braços com vigor. O objetivo é elevar seus batimentos cardíacos a um nível aeróbico — cerca de 115 a 140 batimentos por minutos para a maioria dos adultos. É importante ter em mente que você deve falar com seu médico antes de iniciar qualquer tipo de programa de exercícios.

Por que não corro e não recomendo a corrida? Não tenho problemas com corrida, exceto um: pisar forte no chão pode ser particularmente problemático para os joelhos e os pés. Já vi muitas pessoas começarem a correr, machucarem-se, e então desistirem completamente de fazer exercícios. É muito melhor que você comece com uma caminhada vigorosa. Depois, se sentir que está pronta, tente correr levemente. Outra possibilidade é mesclar corrida e caminhada na mesma sessão. O importante é que funcione para você.

Uma das razões pelas quais sugiro a caminhada no início da manhã é que isso dá a você a chance de ordenar o seu dia e pensar de forma realista no que é capaz de fazer. Perceba que eu disse *de forma realista*. Como já vimos, nada é capaz de estressá-la mais rapidamente do que a "Lista de coisas a fazer da supermãe". A abordagem perfeccionista, aquela que diz "tenho de fazer tudo hoje", é a fórmula certa para transformar sua vida num caos de estresse.

Ah, sim, há outra palavra que precisa ser destacada: SEGURANÇA. Infelizmente, existem algumas pessoas esquisitas correndo por aí hoje em dia, e elas podem transformar sua caminhada matinal numa experiência realmente estressante. Insisto com minhas clientes que sejam cuidadosas quanto a caminhar ou correr sozinhas. É melhor sair com uma amiga, ou levar consigo os filhos (se forem grandes o suficiente) ou o cachorro. Sei de algumas mulheres que carregam uma latinha de *spray* de pimenta ou pelo menos um apito. O mais importante é não passar pela região errada na hora errada. Por isso é bom caminhar de manhã cedo. Como regra geral, nessa hora menos indivíduos perigosos estão zanzando a esmo — pelo menos é assim em Tucson. Sua vizinhança pode ser diferente.

Os pontos principais para quem quer se exercitar apropriadamente são:

1. Usar calçados confortáveis que deem bom apoio.
2. Usar uma rota segura e familiar.
3. Tentar estabelecer uma pequena recompensa a ser perseguida, um pouco de ouro no final do arco-íris. Eu uso uma xícara de café e um jornal — você pode fazer o mesmo ou pensar em outros incentivos. (Quando sugiro uma xícara de café, estou ciente de que cafeína em excesso pode ser um poderoso agente estressor. Desde meu próprio ataque de estresse, restrinjo o consumo de café ao máximo de três xícaras por dia.)
4. Mantenha um passo vigoroso e aeróbico. Você não vai se cansar. Faça o condicionamento devagar e você perceberá que sua caminhada ou corrida matinal lhe dá *mais* energia para o dia, em vez de menos.
5. Enquanto caminha, use o tempo para pensar e organizar o seu dia. Reflita sobre suas prioridades e planeje o suficiente para cumpri-las; não se exceda.
6. Se você estiver tratando um problema de peso corporal, anote num lugar de destaque a frequência com que você se exercita e quanto peso já perdeu. Um bom lugar para isso é a porta da geladeira, ou talvez sua mesa no trabalho. Se você for bastante comprometida, talvez se disponha a registrar a quantidade de calorias que consome por dia. A ideia é "mostrar empenho" à sua família, aos amigos ou aos colegas de trabalho. Então, quando a jornada for pesada, seu orgulho vai ajudá-la a seguir em frente!

É claro que existem outros objetivos físicos que você pode querer estabelecer para si mesma. Enfatizo o exercício, porém, porque quase todos os especialistas em estresse recomendam a atividade física como ótima maneira de controlar o estresse. Se você achar mais relaxante ou útil cuidar do jardim, redecorar o quarto de hóspedes ou aprender como cuidar de árvores bonsai, vá em frente. (No Apêndice, intitulado "Sua vida deve ser equilibrada", você encontrará ideias adicionais sobre como obter entretenimento suficiente e atividades relaxantes para recarregar suas baterias corporais.)

Independentemente do que você fizer, *certifique-se de que os objetivos físicos que estabeleceu para si mesma são alcançáveis e não estressantes*. A ideia geral é encontrar um jeito de *sair* do estresse, e não estabelecer algum tipo de programa que lhe cause *mais* estresse.

OS OBJETIVOS EMOCIONAIS TAMBÉM SÃO IMPORTANTES

No lado emocional da vida, seus objetivos específicos devem se encaixar com sua personalidade — a maneira como você vê as coisas. Você pode, por exemplo, decidir que quer ser mais assertiva, de modo a manter ordenados todos aqueles controladores da sua vida. Objetivos simples como dizer "Bom dia!" primeiro para os seus vizinhos, sorrir mais, tocar as pessoas queridas para mostrar que você se importa — todos esses pequenos gestos elevarão sua autoimagem e sua confiança, fazendo que você se sinta menos estressada.

"Mostrar aos outros que você se importa" é a principal forma de controle e de afastamento do estresse proposta por Hans Selye. Ele chamou isso de "conquistar o amor do seu vizinho", filosofia que configura uma maneira poderosa de "manter segurança e paz de espírito".[1]

Durante muitos anos, tenho visto minha esposa, Sande, conquistar o amor de vizinhos, assim como o de pessoas completamente estranhas. Conheço várias pessoas que não gostam de mim, mas não conheço ninguém que não goste de Sande.

Um rápido exemplo do estilo de vida atencioso de Sande é a "história da bateria". Ela saiu um dia com 150 dólares em dinheiro para comprar mantimentos. Mais tarde, disse-me que precisava de mais dinheiro para concluir suas compras. Engoli em seco e fiquei imaginando por que 150 dólares não teriam sido suficientes.

— Bom — disse Sande, com um sorriso que me alertou sobre o que viria pela frente — havia uma mulher no posto de gasolina cuja bateria do carro fora roubada. A vendedora estava dizendo a ela que uma bateria nova custaria 85 dólares mais os impostos, e ela estava chorando porque não tinha dinheiro suficiente.

— Então você...

— É, eu dei os 85 dólares à vendedora anonimamente. O que mais eu poderia fazer?

Eu poderia ter apresentado diversas alternativas, mas conheço Sande. Ela é uma agradadora que tem verdadeiro prazer — e muito menos estresse — em cuidar dos outros. De fato, ela é uma das mulheres menos estressadas que conheço. E, ao mesmo tempo, consegue manter sua vida equilibrada. Embora seja agradadora, ela não é um capacho. Sande sabe que tem limites e não tenta ser tudo para todas as pessoas — a verdadeira fonte de estresse para muitas mães.

No livro *The Stress Myth*, Richard Ecker lista uma dúzia de regras que chama de "Leis de Ecker". A regra número doze é algo que toda mãe deveria memorizar: "Você não precisa se estressar para cuidar".[2] Em outras palavras, você pode cuidar de alguém — seu cônjuge ou seu filho — sem assumir total responsabilidade pela felicidade daquela pessoa.

MARY ANN ESTAVA CASADA COM UM ALCOÓLICO

Mary Ann, 28 anos, casada com Jerry e mãe do pequeno Billy, de 3 anos, descobriu que seu marido era alcoólico. Ela reagiu da maneira típica e começou a encontrar garrafas de bebida e derramá-las na pia. Às vezes ela simplesmente escondia as coisas para que Jerry não as encontrasse. Ela o importunou, repreendeu, ligou para a mãe dele e pediu que fizesse o mesmo, deixou livros e outros materiais pela casa para que ele lesse, tudo isso em vão. Quando veio em busca de terapia, ela já havia se preocupado tanto que estava num estado severo de estresse. Eu lhe disse:

— Você tem de deixar o alcoolismo de Jerry para lá.

— O que o senhor quer dizer com isso? — perguntou ela.

— Você não é alcoólica; ele é que é — respondi. — Você não pode ser responsabilizada pelo comportamento dele. Ele tem de se tornar responsável e prestar contas de suas atitudes.

Mary Ann entendeu a mensagem. Ela deixou de protegê-lo perante a família dele e também parou de ligar para o trabalho e dar desculpas no lugar dele quando ele estava de ressaca. Ela também se recusou a cancelar seus próprios planos de ir à casa de uma amiga porque Jerry ficara bêbado no último instante. Certa ocasião, ela pegou o pequeno Billy e saiu de casa quando Jerry chegou bêbado, fazendo arruaça. Ele acordou às 10 da manhã do dia seguinte e perdeu uma importante reunião no trabalho.

Mary Ann também parou de esperá-lo para o jantar. Ele era servido quente às 18 horas e, se Jerry não estivesse ali, encontrava seu prato na geladeira quando chegasse em casa, com instruções claras sobre como aquecê-lo sozinho.

É possível que a coisa principal que Mary Ann fez foi deixar claro para Jerry que ela não seria mais a "mãe" dele. Ela lhe disse, em linguagem bem clara: "Não continuarei vivendo deste jeito!".

Jerry mudou num tempo relativamente curto. Em menos de seis semanas, ele se dispôs a ir a uma instituição de tratamento para alcoólicos, onde realmente as coisas mudaram. Isso não apenas salvou o negócio que ele administrava, como também seu casamento com Mary Ann.

Viver junto — e cuidar — de um alcoólico é um desafio que talvez você não tenha de enfrentar, mas o que dizer da sua própria família? É possível encontrar todo tipo de objetivos emocionais aqui. Seu cônjuge é sua prioridade número um? Ele deve ser. Seus filhos são a número dois, e seu trabalho, sua atuação na igreja e seu *hobby* vêm em terceiro lugar ou mais?

Algumas mulheres devotas a quem aconselho me confrontam quando coloco o trabalho na igreja vários graus abaixo na escala de prioridades. De alguma maneira elas igualam trabalho na igreja a um relacionamento correto com Deus. A resposta que tenho na manga é: "Penso que a atuação na igreja é maravilhosa, contanto que ela não fique entre você e Deus ou entre você e seus queridos".

Obviamente, os objetivos emocionais podem ser tão variados quanto os físicos. As regras importantes a seguir ao se estabelecer objetivos emocionais para se livrar do estresse são:

1. Escolha algo fácil, algo que você vê como amigável ou pelo menos não muito ameaçador. Escolha a abordagem "um pedaço de cada vez" e faça uma poda em sua "Lista de coisas a fazer" para que ela fique do seu tamanho, não do tamanho de outra pessoa. Dizer "Olá!" para a sra. Jones por cima do muro, por exemplo, é uma coisa; fazer uma apresentação de vinte minutos na Associação de Pais e Mestres é outra.

2. Proponha-se a ver as coisas de maneira diferente e aja de acordo com isso. Quando estabelece um objetivo emocional, você está exercendo sua mais importante opção: escolher como deseja enxergar a vida. Como vimos no capítulo 2, nossas percepções são uma parte de nós; elas são o resultado de como fomos criados. As percepções não mudam sem um esforço consciente.

3. Importar-se com os outros não significa automaticamente que você deve estar num constante estado de preocupação e ansiedade. Um versículo do Novo Testamento dá um dos conselhos psicológicos mais saudáveis que conheço: "Não se aflijam com nada; em vez disso, orem a respeito de tudo; contem a Deus as necessidades de vocês, e não se esqueçam de agradecer-lhe" (Fp 4.6).

Existe um elo bastante forte entre os lados emocional e espiritual da vida; por isso você deve incluir os dois elementos na escolha de seus objetivos.

O CAMINHO MAIS EFICAZ PARA OBTER UMA AUTOIMAGEM MELHOR

A terceira área de prioridade na qual você precisa estabelecer alguns objetivos específicos é a espiritual. Algumas das minhas clientes ficam um pouco desconfiadas quando menciono o lado espiritual da vida, pois acham que vou "pregar um sermão". Contudo, simplesmente destaco que a dimensão espiritual é uma necessidade de todos nós, seja qual for nosso pensamento sobre "religião". Além disso, dar uma boa olhada em nossas necessidades espirituais é uma excelente maneira de trabalhar na obtenção de uma autoimagem melhor.

Sua autoimagem não é um fato consumado — ela não está explícita em preto e branco, estabelecida em concreto e em barras de aço reforçadas. *Autoimagem é uma questão de fé*. Diga-me em quem ou no que você acredita e poderei fazer uma boa avaliação de sua autoestima.

Uma das melhores ilustrações de como a fé pode afetar a autoimagem vem do apóstolo Paulo, um judeu zeloso que se converteu ao cristianismo enquanto procurava mais cristãos a quem pudesse perseguir. Paulo sabia tudo sobre estresse. Ele também sabia sobre batalhas contra uma autoimagem ruim. Em uma de suas cartas, ele escreveu: "Não entendo o que faço. Pois realmente quero fazer o que é correto, porém não consigo. Faço, sim, aquilo que eu odeio" (Rm 7.15).

Paulo percebeu suas fraquezas e imperfeições e voltou-se para Deus em busca de ajuda. Ele admitiu que sua especialidade não era a autoimagem — mas que Deus era especialista nisso. Costumo dizer a mesma coisa para as clientes, pois nada é mais estressante do que pensar que tudo — incluindo a própria autoimagem — depende de você.

Um objetivo espiritual simples que você poderia perseguir é simplesmente conversar com Deus todos os dias. Agradeça a ele por ter criado você e por amá-la. Faça isso regularmente, e sua autoimagem certamente melhorará.

Outro objetivo espiritual poderia ser buscar um lugar de adoração. Talvez você esteja na situação em que Teri e Joe estavam. Você gostava do seu local de adoração, mas se afastou por uma razão ou outra. Muitas das minhas clientes falam sobre "ter perdido suas âncoras espirituais". Para algumas, é difícil tê-las de volta, mas isso pode acontecer, se você quiser.

Entendo que olhar para o lado espiritual de sua vida pode ser desconfortável, até mesmo assustador. Você pode achar que Deus se encheu de você, que ele lhe deu cartas com as quais é muito difícil jogar nesta vida.

Connie, 32 anos e três meninos com idades de 9, 7 e 6 anos, tinha exatamente essa mentalidade quando veio até mim. Connie era o caso clássico de uma princesa que se casara com um príncipe que se transformou num sapo e começou a pular de uma folha para outra. Neste caso, a outra folha pertencia a uma mulher que ele conhecera no trabalho que exercia como representante de vendas itinerante.

Depois de onze anos de casamento, o marido de Connie a trocou por outra mulher. Essa é uma história que ouço com frequência em minha prática de psicologia. Connie foi nocauteada pelo abandono de seu marido. A ironia de tudo era que agora ela precisava voltar ao trabalho, depois de ter se esforçado por tantos anos para financiar o mestrado do marido em *marketing*!

Connie sentia-se presa em sua nova responsabilidade como única sustentadora dos filhos, física e emocionalmente. Depois de apenas algumas sessões, descobri que Connie ansiava por uma paz interior que estava além do emocional. Em nossa sessão seguinte, fiz uma sondagem.

— Posso lhe perguntar onde você acha que está em termos espirituais?

— O senhor está falando de religião? — respondeu ela, com um tanto de raiva.

A resposta de Connie me preocupou e também confirmou o que eu temia. É muito comum que as pessoas liguem o lado espiritual da vida com "religião". Connie não era exceção, e falou claramente que ficara desanimada com a religião. Ela fora criada num lar estritamente "religioso", mas o que realmente a havia impressionado foi que a única coisa na qual a igreja parecia estar interessada era no dinheiro dela.

É compreensível que Connie tenha empacado quando tentei destacar que havia três lados da vida: o físico, o emocional e o espiritual. Toda vez que eu lhe perguntava sobre o lado espiritual das coisas e sobre seu relacionamento com Deus, ela voltava para a experiência que tivera com a igreja.

Trabalhei bem devagar e com delicadeza com Connie; às vezes eu parecia estar pisando sobre ovos. Destaquei que todo ser humano pode ter um relacionamento com Deus e que ela podia confiar em Deus para obter orientação, apoio e encorajamento para a vida. Levou um tempo para ajudar Connie a ver a diferença entre ter um relacionamento com Deus e ser membro de uma igreja. Mas, depois de certo período de tempo, ela começou a assumir alguns riscos em termos espirituais. Foi interessante perceber que correr riscos é uma das maneiras pelas quais todos nós aprendemos a lidar com o estresse. A chave é não assumir riscos grandes demais.

Connie começou a abrir-se ao amor de Deus e, depois de um tempo, passou a sentir que afinal havia um Deus que se importava e a quem ela poderia levar os problemas que tinha na vida.

Depois de quase um ano em terapia, Connie começou a assumir o maior risco de todos e passou a frequentar uma igreja próxima que entendeu e aceitou uma mulher sozinha, divorciada e com três filhos. Ela se tornou ativa no ministério de solitários daquela igreja e começou a se sentir amada pela primeira vez em muitos anos.

Foi interessante ver Connie crescer espiritualmente e começar a confiar em Deus mais e mais. Também foi gratificante ver seu nível de estresse diminuir e sua autoimagem melhorar. Estou convencido de que uma das melhores maneiras de lidar com o estresse é estar sintonizado espiritualmente com o Criador, ou seja, ter um relacionamento entre você e Deus, com o qual você pode contar. Pertencer a determinada "marca" de igreja não é a resposta. A religião não é a resposta; o amor de Deus é. Ele está sempre disponível a nós se tão somente submetermos nossa vida a ele em busca de orientação. Ele fornece enorme poder mediante seu Espírito Santo.

VOCÊ PODE APRENDER A MUDAR NA ÚLTIMA HORA

À medida que trabalhar em seu plano para evitar o estresse e manter a vida sob controle, você aprenderá a importante arte denominada *"call audibles"* quando a pressão e os problemas surgirem no seu caminho. *Call an audible* é um termo do futebol americano que pode ser bastante útil para qualquer um que esteja interessado em lidar com a pressão. Permita-me dar a você um pequeno curso de estratégia de futebol americano que você pode aplicar à sua agenda diária (e também para impressionar seu marido em algum momento em que ele estiver grudado na televisão assistindo ao time favorito dele).

Em primeiro lugar, você é sua própria *quarterback* na vida. Você pode chamar suas jogadas. Num jogo de futebol americano, o *quarterback* se reúne com os outros dez jogadores de sua equipe e chama uma jogada. Toda jogada tem um número, e quando ele diz "28H no dois", todos os jogadores entendem o que ele vai fazer assim que a bola for lançada na contagem de dois.

Mas vamos supor que o *quarterback* e sua equipe cheguem à linha de confronto e ele veja que o time adversário está num tipo diferente de posição de defesa, um arranjo que certamente vai impedir totalmente a realização da jogada 28H. O que o *quarterback* pode fazer? Não há tempo para voltar e se reunir de novo. Bem, nos termos de hoje, ele usa a técnica *"call an audible"*, gritando alguns novos números de modo que todos da equipe possam ouvir. Os novos números são sinais para seus colegas de equipe, informando-lhes que a jogada foi modificada.

O time adversário não entende o significado dos números, mas seu time sabe. Eles ouvem os sinais e sabem que a jogada a ser realizada não é mais a 28H, uma corrida pelo lado direito do campo. Agora eles sabem que o *quarterback* fará um passe curto para a esquerda, onde a defesa do outro time não será tão forte nem conseguirá arruinar a jogada.

"Parece interessante, Leman", você pode estar dizendo, "mas eu odeio futebol americano e não tenho interesse em aprender termos como *audible*".

Tudo bem, eu entendo. A temporada de futebol pode ser a época mais estressante do ano para você, pois seu marido desaparece por três ou quatro meses. Todavia, espero que você aceite o termo *audible* e o aplique ao seu próprio plano de vida. Quer você goste quer não, você é seu próprio *quarterback* e de fato chama suas próprias jogadas o tempo todo. Suponha que você entre numa situação para a qual se planejara e, então, descobre que tudo mudou. Se você seguir conforme havia planejado, enfrentará frustração e talvez até mesmo o desastre (pode "ser queimada" ou "se perder", em linguagem típica do futebol americano).

De que forma você deve reagir diante da nova pressão? Como entenderá a fonte do seu problema: como um estressor aterrorizante que a envolve automaticamente em estresse? Então você pode fazer o que é normal: entrar em pânico, ficar irritada, insultar alguém, fazer a si mesma de boba. Ou você pode congelar, fechar-se e agir como se tivesse perdido todas as suas bolinhas de gude e o saco no qual as carregava.

Quando pesquisei diferentes grupos de mulheres em relação ao estresse, obtive todo tipo de respostas para a pergunta "Como você reage ao se ver diante de uma situação estressante?". Várias mulheres me disseram:

"Tento brincar com a situação."

"Procrastino, sinto-me como se desistisse."

"Fico nervosa — e falo ainda mais."

"Começo a roer as unhas, fico calada e irascível."

"Fico ressentida e hostil — não consigo fazer nada."

"Não penso com clareza, falo demais, fico preocupada."

"Fuga — tento não estar presente, mas isso é muito difícil quando estou presa no carro e minha família tem uma 'discussão pesada'".

A resposta que surgiu mais do que qualquer outra em minhas pesquisas girava em torno de ficar irritada e não ser capaz de funcionar bem. Não importa como você foge do estresse. Talvez você corra para a geladeira, ou talvez comece a dar umas bicadas na garrafa de vinho usado para temperar carne. Talvez você aumente o volume da música e grite numa toalha. É possível que você recorra a drogas, legais ou não. A questão é: existe uma alternativa — você pode mudar a jogada na última hora se realmente quiser fazê-lo. Você não precisa ver as coisas como sempre as viu. Conforme usa sua calculadora de prioridades, você pode controlar sua vida com escolhas positivas.

Quando seu filho de 3 anos derrama calda de chocolate sobre os queimadores do fogão, você pode ver isso tanto como um ataque pessoal à sua sanidade ou como um erro infeliz cometido por dedos de 3 anos de idade que não seguram as coisas muito bem. Nesse ponto, seu filho não precisa de bronca nem de surra — você precisa de um pano de limpeza!

Quando seu marido fica indiferente diante daquela sobremesa sofisticada na qual você trabalhou como uma escrava por duas horas, você pode se transformar numa geleira ou perguntar como foi o dia dele no escritório, que talvez tenha sido péssimo.

Certamente haverá momentos em que você fracassará e o estresse ganhará outro *round*, mas isso não vai derrotá-la. Até mesmo perceber o que aconteceu e entender como você deveria ter reagido (outra jogada deveria ter sido chamada ali na linha de confronto, por assim dizer) já é um progresso. Pelo menos você está começando a ter maior percepção do momento em que permite que outras pessoas lhe façam mal e, mais importante, de quando você está causando mal a si mesma.

A vida está cheia de inimigos em potencial: tensões, pressões e até mesmo prazeres que podem se tornar estressores. Você não precisa aumentar esta lista acrescentando a si mesma. Você pode controlar sua vida sendo flexível e mudando seu comportamento para obter mais vitórias do que derrotas.

Você não precisa continuar no ritmo frenético da vida, avançando com dificuldade pelo Pântano, dizendo "Não há nada que eu possa fazer. Tenho simplesmente de continuar tentando até conseguir de algum jeito".

É possível escolher o seu próprio passo. O tempo é uma das poucas coisas na vida que se pode controlar — se você quiser fazê-lo. Você pode abrir aqueles espaços na agenda, chamados "apenas para você", não porque seja egoísta, mas porque é sábia.

Você sempre pode reservar tempo para refrescar seu espírito, mente e corpo com o propósito de conseguir realizar seu trabalho como esposa, mãe e trabalhadora com o mínimo de estresse e o máximo de alegria e satisfação.

Sei que isso pode acontecer — vejo isso acontecer na vida das mulheres que aconselho a cada semana. O que é ainda mais importante é que vejo essas coisas acontecerem em minha própria vida, conforme pratico com nova dedicação aquilo que tenho pregado durante todos esses anos aos meus clientes.

De fato, nesta manhã, escrevi apenas um item em minha "lista de coisas a fazer hoje":

PRIORIZE AQUELAS PRIORIDADES!

APÊNDICE

Sua vida deve ser equilibrada

Ou seja, é preciso haver harmonia entre descanso, trabalho e recreação. Sou grato a Jan Markell, autor do livro *Overcoming Stress* [Superação do estresse], por muitas das ideias apresentadas a seguir. O livro todo é excelente, mas veja especialmente os capítulos 5 a 10 e o 13.

1. *Descanse o suficiente.* Todo mundo fala sobre dormir o suficiente, mas o descanso inclui mais do que apenas dormir. O descanso pode ser algo como o simples ato de sentar, recostar-se e pensar num lugar ou numa experiência agradável. O descanso pode ser um passeio ou apenas ligar para um amigo. O importante é que sua atitude seja de contentamento e quietude.

2. *Não trabalhe excessivamente numa tentativa de melhorar sua autoimagem.* Pergunte a si mesma: "Por que estou neste emprego ou persigo determinada carreira?". Pegue sua calculadora de prioridades e certifique-se de que você não foi absorvida por uma sociedade materialista e voltada ao consumo, a qual atribui maior valor à posse de dinheiro ou de "coisas". Como disse o autor de Provérbios, "Não use todo o seu tempo e bom senso para ganhar dinheiro" (Pv 23.4).

O trabalho duro não vai machucar você, a não ser que cause estresse demais a ponto de ser destrutivo. Se você, trabalhar bastante, tenha certeza de que também vai se divertir bastante.

3. *Planeje antecipadamente seu momento de lazer. e proteja-o.* Não deixe que pressões e forças externas interfiram. Uma dica óbvia é deixar o telefone fora

do gancho ou desligado, ou pelo menos não caia na tentação de usar o serviço de "chamada em espera" anunciado pelas companhias telefônicas. O anúncio delas diz: "Você não quer perder aquela ligação, não é?". Minha resposta é: "Por que não?".

4. *Tente ficar à toa de vez em quando.* Simplesmente ouça os pássaros ou o vento, ou olhe para as nuvens enquanto se espreguiça numa cadeira ou se balança numa rede.

5. *Desenvolva um* hobby *— algo contínuo que você possa pegar e deixar de lado a qualquer hora.* Se você tiver um *hobby* que exige demais de seu tempo e de sua energia, ele já deixou de ser um *hobby*. Livre-se dele.

6. *Se em vez de um* hobby *você prefere um esporte, encontre algo que possa praticar pelo menos uma vez por semana.* Certifique-se, porém, de que você não esteja se tornando muito competitiva ou perfeccionista a ponto de seu esporte começar a lhe causar estresse. Ele deve ser agradável, e não um desafio amargo ou uma rotina.

7. *Junte-se a um grupo pequeno.* Pode ser um círculo de amigos e conhecidos que se reúne regularmente para comunhão e recreação. Se você fizer parte de alguma igreja, um grupo de estudo bíblico que se reúne nas casas dos membros é uma excelente escolha.

8. *Planeje momentos regulares longe de casa.* Deixe as crianças com uma babá e saia com seu marido (ou, se você for solteira, saia sozinha por pelo menos uma tarde, se possível). Se você é uma mãe que trabalha, não ligue para a empresa para ver como estão as coisas quando você não estiver lá, nem volte correndo para casa para responder às ligações telefônicas.

9. *Não deixe que o relógio controle sua vida como um tirano.* Analise seu dia em busca de "desperdiçadores de tempo", como falar ao telefone por tempo demais, assistir à televisão durante longos períodos ou ler muitas revistas. Reserve mais tempo do que você acha que vai precisar para atividades e compromissos. Não deixe sua agenda tão apertada que você não consiga lidar com interrupções ou atrasos inevitáveis que acontecem de vez em quando.

Além das dicas apresentadas aqui, existem muitas outras maneiras de lidar com o estresse.

Reconheça o que causa estresse em sua vida. Quando seu corpo disser que você está se pressionando demais, recue. Aprenda a ler os sinais indicativos de estresse em excesso: irritabilidade, insônia, fadiga constante.

Evite encher seu dia ou sua semana com vários projetos ou eventos estressantes muito próximos uns dos outros. Sempre que possível, rearranje sua agenda para dar a si mesma "intervalos para pausa" e tempo para se recuperar.

Aprenda a viver com sua própria imperfeição e a das outras pessoas. A perfeccionista caçadora de falhas se programa para sua própria derrota e fracasso. O perfeccionismo costuma levar à procrastinação — deixar as coisas de lado porque temos medo de não nos sairmos suficientemente bem. Isso só aumenta a pressão e o estresse. Diga sempre a si mesma: "Se ninguém é perfeito, então faço parte dessa lista!".

Faça tudo o que puder para construir um forte grupo de apoio composto por amigos e familiares. Se o seu marido não lhe dá muito apoio, tente encontrar outras mães que estejam num barco semelhante ao seu. Um pesquisador entrevistou cem mães em vinte cidades e perguntou a elas quem procuravam em momentos de estresse. Noventa e cinco por cento das respostas foram: "Basicamente, cuido de mim mesma".

Não fique com pena de si mesma. Desenvolva uma atitude de gratidão por todas as coisas boas que você tem. Como Rita Davenport diz, pelo menos você pode ser grata pelo fato de as coisas não estarem piores do que estão!

Use o riso ou as lágrimas para aliviar o estresse. Se você não é do tipo expressiva, tente manter um diário. Derrame seus sentimentos sobre o papel.

Controle a quantidade de notícias ruins que você recebe por dia. Assista a menos noticiários na televisão, por exemplo. Não enfie sua cabeça na areia de modo a ignorar o mundo e seus problemas, mas tenha consciência de que você pode absorver apenas certa porção de coisas negativas.

Evite confrontações prejudiciais e desnecessárias. Certas mães, por exemplo, adoram comparar seus filhos com outras crianças para se exibir e alimentar o ego dos filhos. Quando estiver com esse tipo de mulher, evite o assunto filhos ou, caso ela não consiga evitar o assunto, evite-a.

Não insista em sempre estar certa. Ceder e abrir mão é um modo de vida muito menos estressante.

Seja honesta — com os outros e consigo mesma. Estar sempre preocupada em "encobrir" alguma coisa é uma enorme fonte de estresse.

Diminua o passo! Não fale rápido demais, não ande rápido demais e não coma rápido demais. Esta é uma coisa que tive de aprender. Fico sempre dizendo a mim mesmo: "*Por que* a pressa?".

Adote a prática de dizer e fazer coisas agradáveis para sua família ou seus colegas de trabalho. Seja generosa com seus abraços (da maneira adequada, é claro) e com os elogios.

Insira aliviadores de estresse em seu dia de trabalho. Saia para caminhar na hora do almoço. Faça alguns exercícios em vez de tomar aquela xícara de café geradora de estresse. Tente não levar trabalho para casa e aprenda a relaxar antes de entrar ali. Controle seu trabalho; não deixe que ele controle você.

Busque seu recurso espiritual. Se possível, comece o dia com oração e meditação. Não tente fazer acordos com Deus para que ele a "alivie de situações estressantes". Simplesmente confie nele e faça dele uma parte real de sua vida. É possível que o estresse ainda apareça, mas você poderá lidar com ele usando um poder que está acima do seu.

Notas

Capítulo 1

[1] Carol Tannenhauser, "Motherhood Stress", 26 dez. 1985, p. 54.

Capítulo 2

[1] *The Stress of Life*, p. 36-40.
[2] P. 10.
[3] P. 28-30.
[4] P. 132-136.

Capítulo 3

[1] P. 29-37.

Capítulo 5

[1] Young Women Christian Association, conhecida no Brasil como Associação Cristã Feminina, a versão para mulheres da ACM — Associação Cristã de Moços. (N. do T.)

Capítulo 7

[1] Carol Tannenhauser, "Motherhood Stress", *Woman's Day*, 26 dez. 1985, p. 54.
[2] Paul Clancy, "Clock Ticking on Marriage and Family", *USA Today*, 28 fev. a 2 mar. 1986, p. 1a-1b.
[3] Naomi Schalit, "Kids, Women Show Effects of Rat Race", *Arizona Daily Star*, 9 mai. 1986, p. 2A. Carl Thorensen também é conhecido por trabalhar com Meyer Friedman, cardiologista da cidade de San Francisco, no desenvolvimento da síndrome de comportamento do Tipo A, que descreve a personalidade bastante ativa, que trabalha em excesso e está sujeita

a sofrer doenças cardíacas. Veja Meyer Friedman e Ray H. Rosenman. *Type A Behavior and Your Heart*.

As conclusões de Thorensen sobre o alto grau de estresse entre mulheres e crianças se baseiam em dados do Framingham Heart Study, uma pesquisa realizada durante vinte e quatro anos entre 5.209 homens e mulheres, assim como em dois estudos de Thorensen e seus colegas com mais de oitocentas crianças residentes na área da baía de San Francisco. Além disso, como parte de sua pesquisa sobre o estresse, Thorensen revisou mais de quarenta outros estudos publicados sobre crianças.

[4] *Sem tempo para ser criança*.

[5] Você poderá ler mais sobre a Disciplina da Realidade em meu livro *Faça a cabeça de seus filhos — sem perder a sua*.

Capítulo 8

[1] Joseph Procaccini e Mark W. Kiefaber, p. 9.

[2] Idem, especialmente no capítulo 6, "Parent Trap: Accelerating Burnout".

[3] *Stress without Distress*, p. 129.

Capítulo 9

[1] Arlene Fischer, "I Want to Stay Home — Where I Belong", *Redbook*, abr. 1986, p. 96.

[2] O título refere-se às famílias em que pai e mãe trabalham fora e só à noite — horário nobre na TV — e conseguem passar algum tempo com os filhos. (N. do T.)

[3] P. 31-59.

[4] Idem, p. 55-56.

Capítulo 10

[1] "At-Home Moms Have Their Say", *Tucson Citizen*, 6 fev. 1986, p. 10a.

Capítulo 11

[1] "Addicted to Adrenalin", *Focus on the Family*, abr. 1986, p. 7.

[2] *The American Heritage Dictionary of the English Language*, p. 100-101.

Capítulo 12

[1] *Stress without Distress*, p. 21.

[2] P. 91-93.

Bibliografia

ECKER, Richard E. *Staying Well.* Downers Grove, IL: InterVarsity Press, 1984.

______. *The Stress Myth.* Downers Grove, IL: InterVarsity Press, 1985.

ELKIND, David. *Sem tempo para ser criança: a infância estressada.* Porto Alegre: Artmed, 2004.

FRIEDMAN, Meyer e ROSENMAN, Ray H. *Type A Behavior and Your Heart.* New York: Alfred A. Knopf, Inc., 1974.

FRIEDMAN, Sonya. *O homem é a sobremesa.* Rio de Janeiro: José Olympio, 1990.

KUZMA, Kay. *Prime-Time Parenting.* New York: Rawson, Wade Publishers, Inc., 1980.

LEMAN, Kevin. *Faça a cabeça de seus filhos — sem perder a sua.* Rio de Janeiro: Alta Books, 2003.

MARKELL, Jan. *Overcoming Stress.* Wheaton: Victor Books, 1983.

PROCACCINI, Joseph e KIEFABER, Mark W. *Parent Burnout.* New York: Doubleday & Company, Inc., 1983.

SEHNERT, Keith W. *Stress/Unstress.* Minneapolis: Augsburg Publishing House, 1981.

SELYE, Hans. *From Dream to Discovery.* New York: McGraw-Hill Book Company, 1964.

______. *Stress without Distress.* Philadelphia: J. B. Lippincott Company, 1974.

______. *The Stress of Life.* New York: McGraw-Hill Book Company, 1956.
______. ______, ed. rev. New York: McGraw-Hill Book Company, 1975.
The American Heritage Dictionary of the English Language. Boston: Houghton--Mifflin Company, 1969.

Conheça outras obras do autor

Kevin Leman

- Entre lençóis
- É seu filho, não um *hamster*
- Mãe de primeira viagem
- Mais velho, do meio ou caçula
- O que as lembranças de infância revelam sobre você
- O sexo começa na cozinha
- Sete segredos que ele nunca vai contar pra você
- Transforme a si mesmo até sexta
- Transforme seu adolescente até sexta
- Transforme seu filho até sexta
- Transforme seu marido até sexta

Compartilhe suas impressões de leitura escrevendo para:
opiniao-do-leitor@mundocristao.com.br
Acesse nosso *site*: www.mundocristao.com.br

Diagramação: Triall Composição Editorial Ltda.
Preparação: Luciana Chagas
Revisão: Josemar de Souza Pinto
Fonte: Adobe Garamond Pro
Gráfica: Imprensa da Fé
Papel: Lux Cream 70 g/m^2 (miolo)
Cartão 250 g/m^2 (capa)